台灣歷史故事

2

披荊斬棘的時代

〔1683～1732〕

故事／張淑美
顧問／曹永和
審訂／台北市國小社會科輔導團

編者的話

台灣歷史從史前時代開始，一直有著非常豐富的內容。雖然遠古文化的發展仍然有待發掘，原住民的歷史也需進一步整理，但是十七世紀以後的活動都已載入史實。在這段源遠流長的發展過程中，留下了許多影響深遠的事件，與令人懷念的人物。可惜的是，到目前為止還沒有一套適合少年朋友閱讀的完整叢書，以了解台灣歷史的演進。

有鑒於此，聯經出版公司特別邀請了兒童文學作家，根據歷史資料，將重大的事件與人物改寫成歷史故事。涵蓋的時間從史前以至台灣光復，牽涉的主題從艱辛的開發過程、激烈的戰爭與動亂、社會的民情與風俗、到個別人物的感人事蹟，都包含在內。

這套「台灣歷史故事」叢書一共五冊，相信少年朋友在閱讀之後，一定會從中獲得對台灣歷史發展的基本認識與了解。

序

在深夜，我閱讀著關於台灣拓荒者的故事，然後一字一句的寫著先人們拓荒的點點滴滴。

第一次，這麼接近歷史；第一次，先人們拓荒的畫面，像一部黑白電影在我的腦海裡變化著；我看到了蠻荒、看到瘟疫這個惡魔，也看到了毒蛇與猛獸，也看到了先人們披荊斬棘的在土地上奮鬥。畫面真實到我幾乎就要將端著的茶水，透過無形的時光隧道，送到他們跟前。

可是，他們喝不到這麼清涼芳香的茶，因為他們在拔除荊棘，吸光了瘴氣，用生命解決了不同的種族糾紛之後，功臣身退，把用血淚打拼出來的成果，留給他們的子子孫孫享用。

寫完這本書，我終於有耐心去翻閱我家那本厚重的族譜。

寫這本書的人

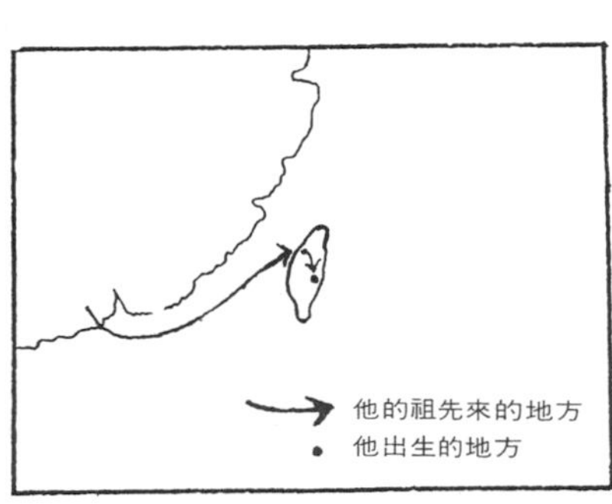

張淑美

1964年生於花蓮

自由文字工作者，從事兒童作文教學，意外發現自己有一對可以飛翔的翅膀，隱藏在創作的潛意識裡。想飛就飛的感覺眞好。

曾獲：教育廳文學獎

九歌兒童文學獎等

看看！我們在哪裡？

在世界地圖裡，台灣的位置。

大陸移民路線

福州
長汀
淡水
福清
基隆
蒲田
宜蘭
泉州
台灣海峽
台北
台中
漳州
花蓮
澎湖
北港
汕頭
台東
高雄
陸豐
東港
恆春

歷史地圖

這本書提到的重要事件、地方，在這裡可以找到。

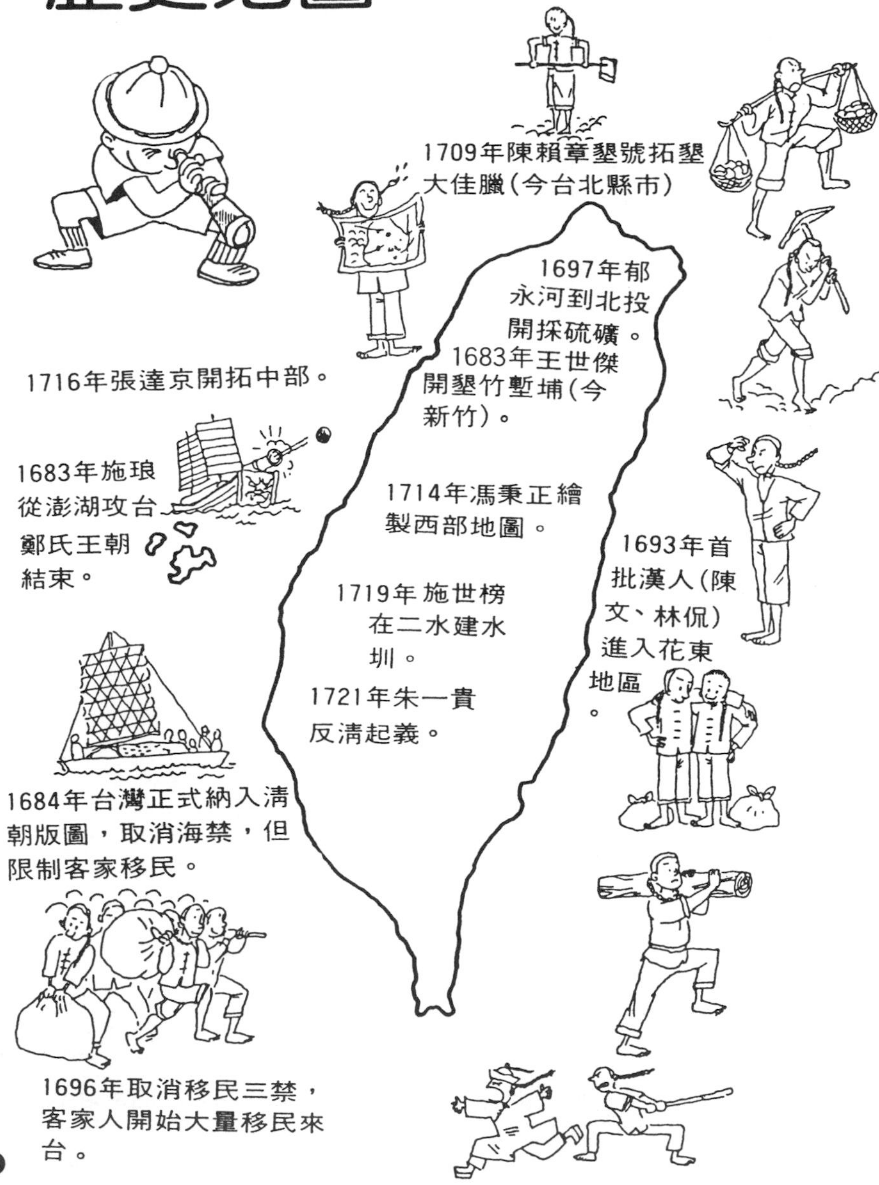

這些年發生的大事……

西元	中國	重要事件
一六八四	康熙二十三年	・台灣正式納入清朝版圖。 ・清取消海禁，除惠州、潮州客家人外，其他可以移民台灣，但不許攜眷。
一六八三	康熙二十二年	・福建同安人王世傑開墾竹塹埔（新竹）。
一六九三	康熙三十二年	・陳文、林侃爲首批進入花東之漢人。
一六九四	康熙三十三年	・台北大地震。
一六九六	康熙三十五年	・施琅去世，客家人開始大量移民來台。
一六九七	康熙三十六年	・探險家郁永河到台灣西部探險，最後到北投採硫磺。
一七〇九	康熙四十八年	・泉州人組「陳賴章」墾號，拓墾大佳臘（台北縣市部分地區）。

這些年發生的大事……

年代		重要事件
西元	中國	
一七一四	康熙五十三年	・馮秉正受清廷任命，來台繪測台灣西部地圖。
一七一九	康熙五十八年	・施世榜在二水興建水圳，人稱施厝圳、八堡圳。
一七二一	康熙六十年	・朱一貴以「反清復明」爲口號，發生朱一貴事件叛亂。 ・首次閩粵移民發生械鬥。
一七二二	康熙六十一年	・清豎石畫界，防止漢人入侵原住民的土地。
一七三二	雍正十年	・清廷開放准許移民攜眷來台。
一七三三	雍正十一年	・實行「保甲法」，一家犯法，九家連坐。
一七三七	乾隆二年	・嚴禁原住民與漢人通婚。
一七五四	乾隆十九年	・霧峰林家始祖林石來台。
一七五八	乾隆二十三年	・清廷命令平埔族原住民學習漢人習俗，從漢姓。
一七六九	乾隆三十四年	・阿里山通事吳鳳，勸誡鄒族出草被殺。
一七七八	乾隆四十三年	・板橋林家始祖林應寅來台。
一七八四	乾隆四十九年	・設鹿港爲新港口，鹿港成爲台灣重鎮。

渡台悲歌

勸君切莫過台灣
台灣恰似鬼門關
千個人去無人轉
知生知死都是難
就是窖場也敢去
台灣所在滅人山
台灣本係福建省
一半漳州一半泉
一半廣東人居住
一半生番併熟番
生番住在山林內
專殺人頭帶入山
帶入山中食粟酒
食酒唱歌喜歡歡
熟番元係人一樣

理番吩咐管番官
百般道路微末處
講着賺銀食屎難
客頭説道台灣好
賺銀如水一般了
口似花娘嘴一樣
親朋不可信其言
到處騙感人來去
心中想賺帶客錢
千個客頭無好死
分屍碎骨絕代言
幾多人來所信言
隨時典屋賣公山
單身之人還做得
無個父母家眷連

涓定良時和吉日
出門離別淚連連
別卻門親併祖叔
丟把墳墓併江山
家中出門分別後
直到橫江就答船
船行直到朝州府
每日五百出頭錢
盤過小船一晝夜
直到拓林巷口邊
上了小船尋店歇
客頭就去講船錢
壹人船銀壹圓半
客頭就受銀四圓
家眷婦人重倍價
兩人名下賺三圓
各人現銀交過手
錢銀無交莫上船
恰似原差禁子樣

適時反面無情講
各人船銀交清楚
亦有對過在台灣
大船還在巷口據
又等好風望好天
也有等到二三月
賣男賣女真可憐
衣衫被帳都賣盡
等到開船又食完
也有乞食回頭轉
十分冤枉淚連連
也有不轉開船去
船中受苦正艱難
暈船嘔出青黃膽
睡在船中病一般
順風相送都容易
三日兩夜過台灣
下裡大船小船接
一人又要兩百錢

少欠船銀無上岸
家眷作當在船邊
走上嶺來就知慘
看見茅屋千百間
恰似唐山糞堰樣
乞食薌場一般般
尋問親戚停幾日
歇加三日不其然
各人打算尋頭路
或是僱工做長年
可比唐山賣牛樣
任其挑選講銀錢
少壯之人銀十貳
一月算來銀一圓
四拾以外出頭歲
一年只堪五花邊
被補蚊帳各人個
講着答床睡摸蘭
夜晚無鞋打赤脚

誰知出屋半朝難
自己無帳任蚊咬
自己無被任凍寒
做得己身衫褲換
又要做帳併被單
年頭算來年尾去
算來又欠頭家錢
若然愛走被作當
再做一年十貳圓
年三十日人祀祖
心中想起刀割般
上無親侍下無戚
就在頭家過個年
初一嫐到初四止
除扣人工錢一千
搶人不過亦如是
台灣一府盡皆然
人講台灣出米谷
痾膿滑血花娘言

講着食來目汁出
手扛飯碗氣沖天
一碗飯無百粒米
一共蕃薯大大圈
三餐蕃薯九隔一
飯碗猶如石窖山
台灣蕃薯食一月
多過唐山食一年
頭餐食了不肯捨
又想留來第二餐
火油炒菜喊享福
想食鹹魚等過年
總有臭餿脯鹹菜
每日三餐兩大盤
想愛出街食酒肉
出過後世轉唐山
鷄啼起身做到暗
又無點心總三餐
想食泡茶燗米仔

吞燥口涎遲疑吷
一年三百六十日
日日如是一般了
落霜落雪風颱雨
頭燒額痛無推懶
拾分辛苦做不得
睡日眠床除百錢
各人輕些就要做
行路都還打脚偏
換衫自己鷄啼洗
破爛穿空夜補連
自己上山擔柴賣
一日算來無百錢
大秤百斤錢一百
磧得肩頭皆又彎
併去併轉三舖路
轉到來時二三更
除踢三餐糧米食
長有只可好買烟

奈何又着同人做
又着同人做長年
唐山一年三度緊
台灣日日緊煎煎
睡到子時下四刻
米槌椿臼在壟間
三人椿臼三斗米
就喊食飯扛菜盤
蕃薯又燒難入口
樣般吞得下喉咽
食得快來怕燒死
食得慢來難獵班
出門看路都不到
脚指踢出血連連
朝朝日日都如是
賣命賺人幾拾錢
客人之家還靠得
學老頭家正是難
一年到暗無水洗

要尋浴堂就是難
生成禽獸無異樣
若係人身都會燜
所挑擔干兩尺半
竹棍圓圓架在肩
又要大條又併硬
水牛洗軛一般般
天下耕田用脚踏
台灣耕田用手爬
已多耕田愛欠債
莫非後世報前冤
耕田只可如挪草
走盡江湖不識見
就比孝家接母舅
恰似烏龜上石灘
雙手用爬脚用箭
天光跪到日落山
面目一身坭鬼樣
閻王看見笑連連

一日跪到錢一百
跪到三日膝頭穿
半晝食了真點心
鍋鑰蕃薯滿菜盤
一年田禾跪兩次
早冬跪孝盡皆然
真係台灣人好巧
何用唐山人可憐
皆因前生有罪過
今世天差來跪田
若用頭顱去擂草
一年割谷當三年
耕田頭家若不曉
水牛洗角一般般
試得幾年若是好
又要奇巧好相傳
台灣之人好辛苦
唐山牛隻好清閑
切呀切時天呀天

不該信人過台灣
一時聽信客頭話
走到東都鬼打顛
心中想起多辛苦
目汁流來在胸前
在家若係幹勤儉
豬牯都有假褲穿
在家若是幹儉點
何愁不富萬萬千
台灣不是人居住
可比番鴨大海邊
馬牛禽獸無禮儀
看起心頭怒冲天
不敬斯文無貴賤
阿旦和尚稱先生
農商轎夫併乞食
相逢俱問頭家言
讀書兒童轎夫樣
比我原鄉差了天

並無一點斯文氣
赤脚蓬頭拜聖賢
寒天頭布包耳孔
熱天手帕半腰纏
到此斯文都饑賤
看見心頭怒冲天
迎婚嫁娶去恭賀
未見一人有鞋穿
赤脚短衫連水褲
洗身手帕半腰纏
席筵無讓賓和客
搶食猶如餓鬼般
且郎轎夫廳堂坐
上頂人客坐壟間
不知貴賤馬牛樣
看起心頭似火煎
無論本族及外姓
一介禮包食兩餐
還有一起污穢事

心中怒恨不敢言
若然傳轉唐山去
當面被人呸口涎
那有男人併婦女
相共水桶洗身焉
又愛擔水煮飯食
食了都會衰三年
新正叩起天神福
打粄奉神敬三官
這粄若然神敢食
亦非天上個神仙
燒香跪到膝頭穿
赤脚包頭拜神仙
土地伯公有應感
處處一有伯公壇
所目祀神紅龜粄
所見有妻烏龜般
大聲不敢罵妻子
隨其意下任交歡

拾個丈夫九個係
只有一個不其然
野夫入屋丈夫接
甜言好語侍茶烟
范丹婦人殺九夫
台灣婦人九夫全
出門三步跟隨等
結髮夫婦無幹賢
總愛有錢就親熱
聲聲句句阿哥前
台灣婦人有目水
看你長有幾多錢
交得一年和半載
錢銀幹多也會完
幾多鷄啼無半夜
辛苦如牛一般了
一介銅錢三點汗
一日賺人幾多錢
後生之時身子健

落身如牛做幾年
運數好時件件着
嫖亦不得已多錢
心中想愛後頭事
恐怕時衰運敗年
一到無錢就各樣
路上相逢目不看
行前去問都不應
皆因錢了斷情緣
開聲就罵契弟子
鈀頭櫨衫差了天
疾病臨身就知死
愛請先生又無錢
睡在草中無人問
愛茶愛水鬼行前
病到臨頭斷點氣
出心之人草蓆捲
當日出門想千萬
不知送命過台灣

台灣此是滅人窖
一百人來無人還
若然個個幹知想
台灣婦人變荒田
台灣收割真各樣
庄庄婦人鬧喧天
聽見田中谷桶響
打拌身扮就到田
手拿摹蘭木搗棍
開眉笑眼喜歡歡
甜言細語稱司阜
摹蘭欖子擺兩邊
手拿禾槌微微笑
恰似玉女降下凡
花言巧語來講笑
弄得零工喜歡歡
一手禾排打四下
就丟去妹摹蘭邊
放此台灣百物貴

惟有人頭不值錢
一日人工錢兩百
明知死路都敢行
抽藤做料當民壯
自己頭顱送入山
遇着生番銃一響
登時死在樹林邊
走前來到頭斬去
變無頭鬼落陰間
不論男人併婦女
每年千萬進入山
千誤萬差在當日
不該信人過台灣
李陵誤入單于國
心懷常念漢江山
我今至此也如此
墨髮及為白髮年
心中愛轉無盤費
增加一年又一年

家中父母年已老
朝晚悲哭淚連連
每年來信火燒死
歸心如箭一般般
若然父母凍餓死
賺銀百萬也閑情
又係百般微末處
那見有人賺錢還
人想賺錢三五百
再加一年都還難
歸家說及台灣好
就係花娘婊子言
叮嚀叔侄併親戚
切莫信人過台灣
每有子弟愛來者
打死連棍丟外邊
一紙書音句句實
併無一句是虛言

清朝中期的竹塹埔(新竹)

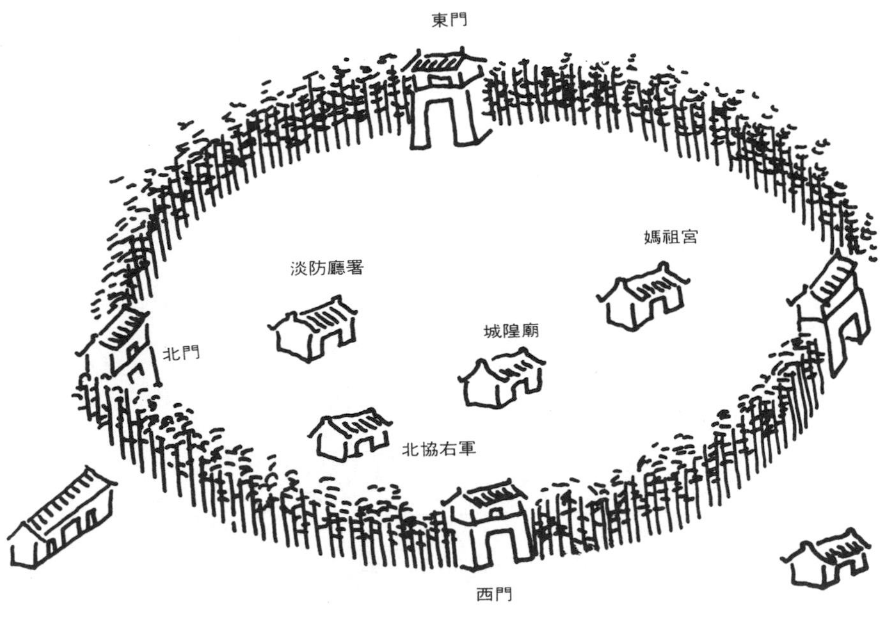

目次

施琅與台灣的棄留 1
清朝時的護髮行動 11
螟蛉子與童養媳 21
客家先民難渡台 31
波濤洶湧的黑水溝 41
撼人心肺的渡台悲歌 52
拓墾農民遇上馘首獵人 63
番仔駙馬張達京 72
出草祭慶典 82
郁永河陽明山上採硫礦 91

吳球、劉卻揭竿起義 102
王世傑開墾竹塹 113
陳賴章開墾大佳臘 121
施世榜開鑿彰化八堡渠 129
朱一貴舉事抗暴 137
廉潔愛民的陳璸 147
清廷的土牛溝政策 158
台灣門戶大開 166

施琅與台灣的棄留

鄭氏王朝被施琅平復之後，清廷原決議放棄這塊海島，施琅寫了「陳台灣棄留利害疏」力保台灣，一六八四年台灣才正式納入中國版圖。

一六八三年的九月，台灣的秋天不再如往年般的美麗，反而顯得格外的淒涼蕭瑟。台灣二十萬的居民，絲毫感覺不到秋天的柔美，在種種戰亂之後，他們已失去了分辨季節的能力，只感覺到寒冬的存在。

東征統帥施琅到台灣接受鄭氏王朝的投降。為了深入了解台灣，他率領了兵馬，分南北兩路進行台灣的實地勘

• 施琅於西元一六八二年九月二十二日抵達台灣，接受鄭克塽的投降。

察。他發現台灣不僅山川峻峭壯麗，土地更是肥沃，四周的地勢更具有天然海防的功能。施琅很得意自己當初力勸清廷攻台，現在如果能適時的開發與建設，台灣一定是大有所為的。他在心中為台灣畫下了美麗的藍圖與遠景。

施琅帶著台灣的印象回到福州，立即參加了北京特派大臣侍郎所召開的台灣善後會議。在會議中，眾多議政大臣居然決議捨棄台灣，只保留澎湖作為東南各省的軍事屏障，還要把島上二十餘萬的漢人移民全部遷回中國！無論施琅如何舉證說明台灣的重要，都一一被否決了。

會議結束後，施琅對朝廷方面要放棄台灣的決定，依然震驚不已：「為什麼？為什麼要放棄台灣？」

「朝廷當初占領台灣的目的，並不是因為想擁有台灣

•施琅畫像。

•大臣：皇帝派遣信任的人代表處理特殊重要事情，如欽差大臣代表皇帝觀察地方的情形。

•議政大臣：清朝皇帝常在親族或滿州人中，找較正直、聰明、經驗豐富的人，代表皇帝和各部門的長官共同討論國家大事。

這塊領土，而是想討伐明朝餘黨的勢力，拔除鄭氏這個眼中釘，如今鄭氏一族已經被剷除，威脅既然已經化解了，清廷輕視台灣而想放棄它，是意想中的事。」施琅的親信將領張里分析著清廷放棄台灣的原因。

「不行，我還得要上奏，台灣絕對不能放棄，絕對不能。」施琅激動得不得了，匆匆忙忙的離開，想尋找其他可能的支持。

張里目送著施琅遠去的背影，跟隨施琅出生入死多年，他對施琅有足夠的了解，施琅對海外形勢具有卓絕的分析能力，看準了台灣在政治和軍事上有絕對的重要性，過去他一貫主張攻取台灣，同時又親自領兵占領台灣，所以他是無論如何也無法接受清廷在他的一番努力之後，要

•施琅原是鄭成功的部下，因爲錯殺一名士兵，被軍規嚴格的鄭成功責罵，施琅投降清軍，鄭成功殺了他的父親和弟弟，兩人因此結下深仇大恨。

放棄台灣的決定。只是，現在全國上下都想放棄台灣，雖然施琅獨排衆議極力的反對，但是，一個人的力量顯然是太單薄了。

施琅蹬著急促促的步伐，朝著議政大廳走去。他已經不只一次的為了推翻議政大臣們的「棄台論」而走進這棟建築物。

「台灣並不是中國的領土，它不過是個彈丸之地，靖海侯為什麼執意要留下這塊荒蕪又沒有開發價值的地方呢？」議政大臣林文漢試圖勸阻施琅，別再為留下台灣費心了。

「以台灣的海外形勢而言，在政治以及軍事上占有絕對重要的地位……」施琅據理力爭。

・施琅在台灣停留九十八天，南北巡訪，對台灣的了解非常深刻，所以知道台灣的重要性。

另一位大臣陶連成不等施琅把話說完，便插話說：

「台灣孤懸海外，對擴大中國的領土並沒有什麼幫助，何況它裸露在海洋之中，不但沒有仙跡神蹤，也沒有千古傳頌的名勝，只不過是一塊野獸、龍蛇雜處，而且充滿瘴癘之地，並不值得留下。」

「台灣雖然是一座孤島，可是，它北連吳會，南接粵嶠，是江、浙、閩、粵的最佳佐護哇！澎湖事實上只是個貧瘠之地，你們竟然要棄台灣而保澎湖，台灣一旦被放棄了，澎湖也不能守了……」

激烈的辯論中，施琅彷彿成了箭靶子，獨自抵擋議政大臣們的唇槍舌劍。

「可是，早年那些拓荒台灣的居民，他們不是逃犯就

•官船。

是盜賊，他們不配當天皇的子民，不但不好管理，恐怕還是個大負擔，有拖垮國家財政的可能。」

「台灣現在有二十萬個漢人居民，他們已經落地生根，是台灣開拓的先鋒部隊，現在要將他們遷移到哪裡去呢？在台灣設官置兵，絕對不會加重政府的負擔，以台灣所蘊藏的豐富資源，有可能為朝廷帶來可觀的稅收，何況台灣一旦放棄了，海中荒島無法可管，必定成為逃軍或流寇所聚集的巢穴，如果他們集會結黨，造船、製作武器，成為真正的海盜，那將引發更多的危機；再則，荷蘭人有可能乘機再度占據台灣。我們曾經占領台灣，如果再一次失去了，這將嚴重影響到一個國家的聲名與威望。」施琅激動得全身顫抖著。

「台灣的棄留問題，我們再研究研究。」議政大臣們以過些天再商議的拖延戰術，來結束這場他們認為沒有意義的爭辯。

儘管施琅費盡唇舌說破了嘴皮，並沒有得到議政大臣們的支持，他真是心急如焚哪！一旦清廷放棄台灣撤回清軍，台灣就真的萬劫不復了。

雖然，在滿朝大臣都漠視台灣地位的情況下，施琅並不因此而放棄堅持，他寫了一篇「陳台灣棄留利害疏」，上奏皇帝，詳細說明了台灣棄留的利害關係。疏文的大意是：

靖海將軍侯施琅陳台灣棄留利害疏

台灣北連吳會，南接粵嶠，綿延數千里；山川峻峭，

・澎湖天后宮。

港道迂迴，是江、浙、閩、粵四省的佐護，當年海寇鄭芝龍，曾經以台灣作為基地，直到克塽投降才結束。臣奉旨征討，曾親履其地，見其台灣沃野千里，林木茂盛，物產豐富，硫磺、黃藤、蔗糖、鹿皮足以供應民生之所需；且台灣地域險阻，可供朝廷作為東南之屏障，永遠隔絕邊海之禍患。

施琅上陳疏文沒多久，康熙皇帝終於召集所有大臣，商議台灣的棄留問題。施琅依然竭力剖析留下台灣的重要性。剛開始，只有大學士李霨發言表示應留下台灣，並極力推崇施琅的卓見，沒多久，侍郎蘇拜也進言舉證應該留下台灣，接著，要留下台灣的聲音漸漸多了起來，最後，

- **荷據時代，鹿皮是台灣的特產。西元一六三八年，年輸出量約十五萬張。**
- **施琅總共上書三次，提到台灣棄留的問題。但在第三次〈恭陳台灣棄留疏〉中，才極力主張保台，終於說服清廷。**
- **一六八四年（康熙二十三年），台灣併入清朝版圖，歸屬福建布政使管轄。**

康熙皇帝終於決定留下台灣。也因此，朝野之間對台灣的棄留問題，做了一百八十度的改變。

一六八四年四月，台灣正式被編入中國版圖，成為中國領土的一部分，設置一府三縣，隸屬於福建省。

施琅終於遂了心願，保住了台灣。清廷對他的獎勵也是格外的優渥，他不僅被授以「靖海將軍」、特封世襲「靖海侯」，並准予在澎湖大山嶼媽宮城內以及台南城內建立祠堂，兩者共稱為「施將軍祠」，除此之外，還賜給他一片廣大的勳業地。

施琅力爭保留了台灣後，卻以一種消極的態度在經營台灣。他攻取台灣的動機，是希望台灣從此得以安定。但是他在台灣的開發與建設的政策上，卻不夠積極。這與他

•一府三縣：台灣府、諸羅縣、台灣縣、鳳山縣。

•靖海侯是指平定海上事端的官員。施琅因定台有功，得到此一封號。

當初力勸清廷占領台灣，並親自率兵攻取台灣的態度，顯然大相逕庭；後來他提出「渡台禁令」的政策，更是嚴重阻礙了台灣的發展。

施琅，在當時台灣二十萬人民口中，是個頗受爭議的人物，褒貶互異，有人說，施琅是民族革命的叛臣，因為他投降清軍，又逼迫鄭氏投降；也有人說，他是一位大功臣，因為他力爭台灣，使國家得以統一。

‧一六八四年，清廷取消海禁，但施琅提出的渡台禁令中，仍嚴格規定，移民不准攜帶眷屬，甚至不許惠州、潮州的客家人渡台，因爲這兩地的人民有海盜的嫌疑。

清朝時的護髮行動

爲了保留明朝的傳統，剛剛納入清朝版圖的台灣百姓，正因清廷一六八四年的一紙「薙髮令」，爲頭髮爭得死去活來。

清代男人的髮式（髮辮）。

清朝打敗明朝後没多久，就向包括台灣在内全國人民頒布了「薙髮令」，就是每個人都必須剃掉頭部前面的一部分頭髮，再將腦後的頭髮編成長辮子。

朝廷公告這麼寫著：「臣服於清者皆須薙髮。君民、父子都一樣。子繼承父親的風格是傳統，也是義務，若不服從者，就是背叛清廷，將處以重刑。」這個薙法令還有個特別的規定，就是除了僧侶和婦女外，所有的男人一律都得薙髮。

公告薙髮的第一天，阿治接近中午的時候出門，他正要到高財家去。高財是個剃髮師傅，他想問問他，有沒有人薙髮了。一路上，他特別留意別人的頭髮，除了清朝的官兵留著那可笑的髮型之外，他沒見到其他已經薙髮的漢人。

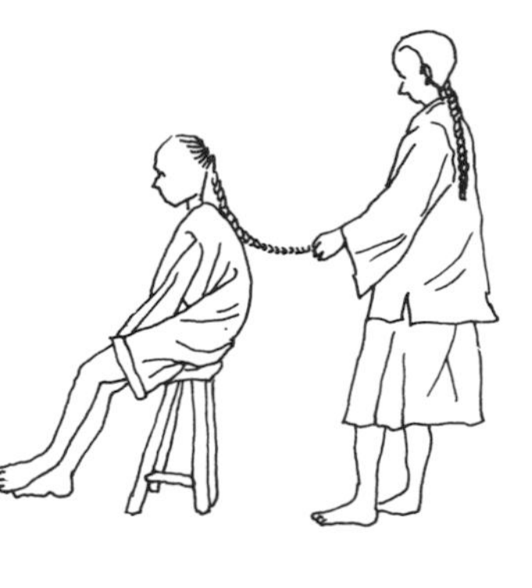

清朝強制漢人梳辮髮。

當阿治走近市集時，一眼就看見高財那顆怪異的頭在那兒晃啊晃的。

高財的剃頭擔子就擺在市集入口茶棚邊，生意很清淡，他窮極無聊的玩著自己的手指頭消磨時間。高財猛一抬頭，看見阿治遠遠的走來，連忙起身招呼：

「阿治，來來來，給我捧個場，我免費給你剃個頭，只要開個先例，就會有人跟著剃了，怎麼樣？免費喔！你看看，我都已經剃了。」高財拍拍他那半個光頭得意的說。

「你怎麼變節變得這麼快呀！我是反對穿胡服剃頭髮，這實在有違我大漢民族的傳統文化。」阿治義正辭嚴的說。

「唉喲！你怎麼還搞不清楚哇，改朝換代已經成為定局了，薙髮，只是明哲保身嘛！你喲，不知死活。」高財不以為然的數落著阿治。

「你看看你那根豬尾巴在腦袋瓜後頭搖來晃去的，你不覺得好笑嗎？」

•台灣曾是鄭成功的根據地，所以反清復明的意識最強烈。

•清代男子的髮辮。

有個人走進高財的剃頭擔子，表明要剃髮。卻被阿治一把從座椅上拉起來。阿治自己朝椅子一屁股坐下，對那人說：

「甭剃了，咱們是漢人，怎麼可以剃這樣怪異的髮型，我們要團結起來，反抗這則薙髮令才行，只要人多了，力量就大了起來，這樣我們就可以保住頭髮了。」

「怎麼？我們這麼多年交情，你今天存心找我的碴，讓我做不成生意是吧！你說，我今天是個剃頭的，我不幫別人剃頭，我去喝西北風啊！你今天趕走我一個顧客，明天會來第二個，後天會更多，我只是識時務而已。阿治，你看到那些個布告沒有？」

高財指著街上四處可見的「留頭不留髮，留髮不留頭」的布告，然後坦率的對阿治說：

「薙髮，只是遲早的事。奉勸你不要做這無謂的抗拒，可能會惹一些麻煩呢！」

「好吧，既然這樣，君子不擋人財路，你繼續剃你的頭，我得去做我該做的事。」阿治說完轉身離去。

阿治隨後祕密加入了反清復明的行動，那是一群擁護鄭成功的人所成立的祕密組織，準備對新的統治者來個迎頭痛擊，首先就以這則薙髮令作為反清的理由，然後進行一連串的反抗鬥爭。

他們先是鼓動村子的農民，拿起鋤頭、柴刀等武器把駐守在村內的清兵給趕出了村子，明裡，是為了保留完整的頭髮而拼命的戰鬥；暗裡，卻為了發泄明朝滅亡的悲

•清代婦女的髮式。

情。

可是，當街上愈來愈多薙髮的漢人在走動時，許多人當初堅決護髮的意志就漸漸的動搖起來，有些人悄悄的去薙髮，然後離開鄉鎮一段時日，以避開被質疑責備的為難。

有一回，阿治遇見組織裡的成員林威，發現他已薙髮，阿治氣急敗壞的質問他：

「怎麼連你也去薙髮了？連這點堅持都做不到，還談什麼反清復明大業？」

「如果所有的人都去薙髮了，只剩下我們組織裡的人沒薙髮，這不是擺明了我們就是反動分子？連這點隱藏都做不到，把自己大剌剌的暴露在敵人面前，還沒戰就已經先輸了，還談什麼反清復明？」林威為自己的薙髮找到了圓滿的解釋。

「滿州人認為那根豬尾巴是一種榮耀與名譽的象徵，你遵從薙髮令，就是認同滿清，我們組織不需要你這樣迎合征服者的人，你滾出去……」阿治怒不可遏。

「你簡直不可理喻……」林威被阿治這些話給激怒了，他衝向阿治，扭住他的領口，朝他的腹部重重的落下一個拳頭。阿治也不甘示弱的朝他那顆怪異的頭上揮去一個拳頭。兩人扭打成一團，直到彼此都筋疲力盡了，才各自帶著全身的傷痛回家去了。

阿治漸漸的感到力不從心，因為組織裡放棄堅持跑去薙髮的人愈來愈多了，他覺得好沮喪。因為，他在聚會的

●雖然台灣的天氣炎熱，但為了遮掩薙髮的恥辱，許多台灣漢人用綢紗將頭包起來。

時候，不時的大聲疾呼：要反清復明，一定得先保留住明朝的傳統文化，才有立足點去號召更多的豪傑志士來參與反清的大業。可是，同伴們已經用他們的頭髮，默默的否定了他的看法。

經過了這麼多的波折，阿治覺得身心已疲倦到極點了。有一天早晨，他做了一個重大的決定。他收拾了簡單的行李，然後直接的朝著高財的剃頭擔子走去。一路上，他看見已經有大半的漢人都薙髮了，還沒薙髮的可能正走向某個剃頭擔子，準備薙髮了。

高財的剃頭擔子邊，也排了一列的隊伍，高財忙得不可開交。阿治悄悄的排在人群後頭等著。他一直排到中午才輪到他。

高財看見阿治終於來剃頭了，忍不住的糗了他一頓：

「你看看，我當誰來了，我就說過嘛！薙髮是遲早的事。早來薙髮，你就不用吃那麼多的苦頭了嘛！你今天來，我還是免費為你服務。怎麼樣，夠意思吧！」

高財舉起剃刀就要動手了，阿治冷冷的說：

「我不是要薙髮，我要出家當僧侶，所以請你把我的頭髮全部剃光。」

高財高舉剃刀的手忽然停在半空中，他吃驚極了：

•清代的剃頭擔子。

「阿治！這樣不值得的，一個髮型而已嘛！你何必這樣固執呢？」

「你儘管剃你的頭。」

阿治是真的心灰意冷了，他覺得就連說話都得費掉不少力氣呢！

• 清代婦人。

螟蛉子與童養媳

清朝一六八四年訂立的「渡台三禁」，禁止移民攜眷渡台，不僅造成嚴重的社會問題，也讓「螟蛉子」、「童養媳」成爲台灣一個很奇特的社會現象。

陳僅聽說清朝占領台灣了，準備開放台灣，讓唐山人移民台灣，從事各項的開發與建設。有關移民台灣的公告就貼在東城城門的公告牆上。陳僅正準備出門到東城去看公告，臨出門前，母親特別交代他帶著早上收成的胡蘿蔔去，等看完告示，再繞到市集，把蘿蔔賣了換些錢回來。

陳僅早聽說台灣沃野千里，適合農耕，如果能移民台

•渡台禁令的消極政策，一直執行到日軍犯台的西元一八七四年，總共維持了一百九十年。

•看布告的民眾。

灣，勤勞耕種，日子將會比現在好過多了。

公告牆前推擠著一群人，他們嘰嘰喳喳的議論著關於移民的條令。陳僅手上提著幾個營養不良的蘿蔔，站在人牆的外圍，他因為擠不進去，只好拉長著脖子再將身子往前傾，想看清楚告示上說些什麼。一不留神卻被人潮給擠彈出來，他跌了幾個踉蹌後，發現手上的蘿蔔滾到人潮的腳底下去了，沒一會兒就被踩得稀爛，他心疼的瞧著，卻一點辦法也沒有。

現在的中國，因為相繼而來的兵亂，造成社會極度的不安，不僅經濟崩潰，離開農村的失業農民，更遍布在各地鄉鎮。在生活極度困苦的情況下，移民到台灣去，成為黑暗中唯一的一道曙光，也難怪大家這麼興奮。

「阿僅，你想不想到台灣去呀！」梁新海從旁經過將手搭在陳僅肩上問道。

「告示說些什麼呀？我根本就擠不進去。」陳僅看看他那已成為稀巴爛的蘿蔔，疑惑的問。

「條件可苛著呢！一來，渡台的以貿易的商人為主，從事農業和漁業勞動的人次之，渡台者必須先向海防同知申請然後發給渡台路照，從廈門出海，到台灣之前要先查驗，人貨都符合了，才能進港，如果偷渡，就要嚴辦。這第二條可就不近人情了，官方不准渡台的人攜家帶眷，只准隻身前往。」

「這不太妥當吧，放下老父老母，自己遠渡重洋去，怎叫人放心哪！」陳僅嘴裡嘀咕著。

•渡台三禁：一、渡台以貿易商人爲主，須有渡台許可證。二、渡台人士不准攜眷。三、嚴禁廣東、惠州及潮州的百姓渡台。

•當時婦女挽面的情況。

「可不是嘛，他們就是要我們把心留在家鄉，家鄉有家有眷的，在台灣才不會為非作歹，否則就要牽連到家鄉的妻子兒女了；也因為這樣，我們才不會在台灣永久安居落戶哇！」梁新海說。

「是嘛，這樣我們就必須於春耕時前往，秋收後回鄉。」陳僅終於明白朝廷的用意了。他心裡正思索著到底要不要去台灣時，梁新海打斷了他的思考：

「還不只這樣，落籍廣東惠州、潮州的人民，是不准渡台的，他們連翻身的機會都沒有呢！我得趕回家和我老婆商量商量。」

陳僅朝地上望了一眼，胡蘿蔔早被踩成爛稀泥了，市集也不用去了，回家怎麼向母親交代？陳僅心想，這許多

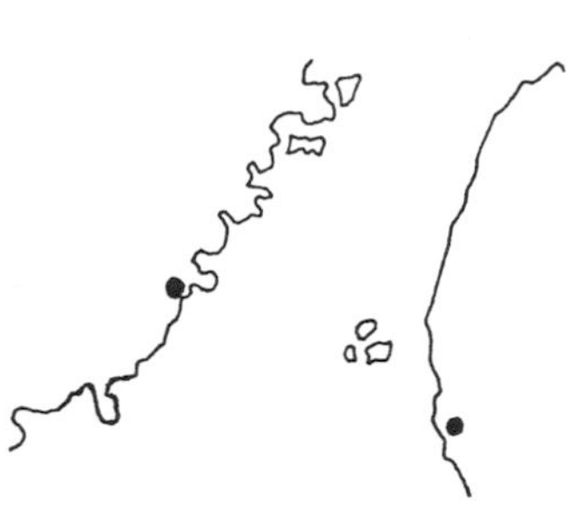

•廈門與鹿耳門。

年，靠著那幾分租來的田地，收成繳租之後就剩不多了，還要奉養父母和年幼弟妹，生活實在困苦哇！要不，就我到台灣去，台灣地廣人稀，種些莊稼，收成變賣之後再回家鄉，也許可以改善生活呢！陳僅愈想愈興奮，他彷彿已經看到金黃色飽滿的稻穗，迎著風跳著波浪舞呢！

陳僅回家和父母徹夜長談後，決定到台灣去尋找新的發展，等攢到錢之後，再回故鄉來。

歷經重重關卡，陳僅終於辦妥手續，取得渡台路證。這天，廈門港口擠滿了準備渡台以及送行的人，陳僅手上握著官府發給的渡台路證，登上了船。他心疼的看著父母在送行的人群中推擠著。他暗暗發誓，一定要攢很多的錢回到故鄉來。

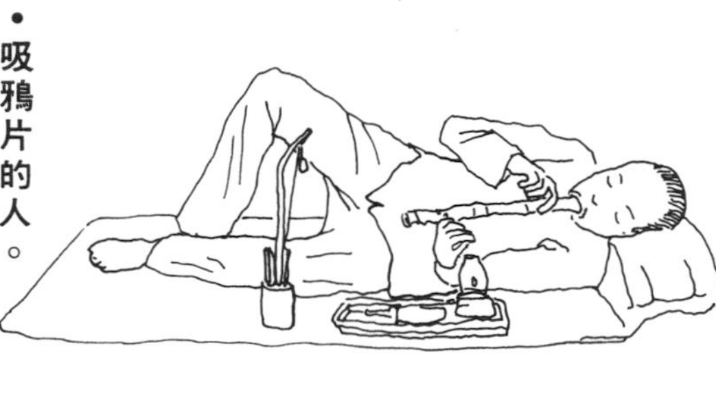
•吸鴉片的人。

一艘艘的船隻漸漸駛離了廈門港，今天的天氣並不好，海風悽厲的吹著，保重啊保重之聲，呼應著翻騰的海浪聲，彷彿正為這群命運未卜的渡台人擔憂似的。

經過幾天幾夜顛簸、搖晃、暈眩的海上生活，船隻終於在鹿耳門登陸，陳僅和其他的移民總算踏上了心目中的新天地。他們分散在台灣的北、中、南各地，開始用茅草搭蓋簡陋的房舍，作為棲身之所，然後開始受雇從事墾拓和耕種。

陳僅和其他從福建等地來的移民，日出而做，日落而息，漫長的耕種歲月，濃濃的思鄉情懷，在沒有其他的娛樂來排遣內心苦悶的情況下，陳僅漸漸染上了酗酒的惡習，其他的移民有的抽起鴉片，有的成為賭徒，這樣的變化是他們始料未及的。

陳僅在難耐寂寞孤獨的情況下，用一升白米娶了一個原住民姑娘做妻子，日子倒也過得溫馨平靜。

有一天深夜，陳僅已入睡，睡夢中聽見有人又急又猛的敲著他的房門，夫妻倆起來開門，發現梁新海全身是傷的倒在門口。陳僅夫婦手忙腳亂的將他扶進屋內。

「誰把你打成這樣啊？」

梁新海忽然痛哭起來，淚流滿面的訴說著：「我不是故意的，真的，我不是故意要搶吳元嘉的老婆的，我真的……真的好想家，想家呀！」

陳僅頗能諒解的拍著他的背，直說：「我了解，我真的了解。」

●清代孩子的學步車。

陳僅是真的了解這樣離鄉背井的墾田生涯，因為來台灣的都是單身漢，整個大環境呈現男多女少的現象，在一妻難求的情況下，每天總有幾件為了女人而發生的大大小小的械鬥事件，就像阿忠那天為了一個娼寮的女人，把王勇的鼻子給打歪了；陳阿旺的妻子有多位情夫，可是阿旺沒有生氣也沒有去揍誰，他只是沈默的屈服於這樣的環境。陳僅深深的吐出一口氣，是啊！誰能不屈服呢，畢竟生活還是要過下去的。

隔年，陳僅的第一個小孩出世了，因為融合了漢人與原住民的血統，小壯丁的膚色略黑了點，陳僅也不以為意，喜孜孜的分送紅蛋給左鄰右舍。

這天，吃晚飯的時候，陳僅的妻子對他說：「聽說阿糞他老婆生了個女兒，我想，我們跟他要來養，以後這個女孩長大了，就給咱們的兒子當老婆，那他長大以後就不會娶不到老婆了，你看怎麼樣？」

陳僅想了一想，然後有點猶豫的說：「這個主意是不錯啦！可是，他們怎麼會願意把親生的女兒送給別人呢？」

「我們跟他們提提看嘛，他們的日子本來就不好過，已經有一個兒子了，現在又多了一個小孩，怎麼養得起呀！」陳僅的妻子仔細的分析著。

「好吧！就試試看。」陳僅並不敢抱太大的希望。

當陳僅把想收養女兒的念頭向阿糞夫婦提出時，阿糞不假思索的答應，阿糞的老婆一言不發緊緊的抱著女兒，

•除了為兒子預留新娘的理由外，為兒子找個照顧的人，及窮人家養不起女兒等，都是造成「童養媳」的原因。

眼淚擠滿了眼眶。

「你哭什麼呢！自己的肚子不爭氣，生個不會耕作的女孩，她長大了還不是別人的，趁現在有人要就趕快給人家，免得把我們家給吃垮了。」阿糞沒好氣的說著。

就這樣，陳僅夫婦倆抱走了阿糞的女兒。這件事傳開之後，收養童養媳的風氣就漸漸打開了，養不起女兒的家庭，開始流行把女兒送給別人家養。

客家先民難渡台

清朝訂定的移民政策中，禁止廣東惠州、潮州的客家人來台，使得客家人想渡台都難。

清朝占領台灣之後，雖然開放商人及農民到台灣經商或墾田，但其中極為嚴苛的「渡台三禁」，卻強制限定廣東惠州、潮州的客家人渡台。這禁令引起了許多的揣測與不平的聲浪，尤其是廣東地區的客家人，更是怒氣填胸，有人咒罵，有人無奈，也有人灰心沮喪。

羅祖光到縣城看完渡台公告回家後，對「渡台三禁」

•當時，許多人流傳著「台灣錢淹腳目」的說法，顯示台灣是許多人心目中嚮往的地方。

•施琅不讓惠州、潮州的子弟移民台灣，是認為他們有海盜的嫌疑。

大為光火：「什麼跟什麼嘛！禁止廣東地區的客家人到台灣，根本毫無道理嘛！」

「怎麼回事？移民的手續好不好辦呢？」阿光的父親炎伯著急的問。

阿光喝了一口妻子遞過來的茶水，然後說：

「辦什麼手續？我們根本連機會也沒有。渡台規定的第一條，要渡台者，須在原地申請渡台許可證，然後經分巡台廈兵備道（台灣方面警備司令部）稽查，然後經台灣海防同知（海軍司令部）審驗許可後才可以渡台。嚴厲懲罰偷渡者和失察的地方官。

第二條就是渡台的人一律不准攜家帶眷，已渡台的人，也不准接大陸這邊的家人到台灣。最可惡的，就是第三條，告示上說，廣東地區是海盜、逃犯聚集的地方，居民惡習難改，嚴禁當地居民渡台。你們說，氣不氣人哪！」

「是啊，第一禁是為了國防安全措施上做的考量，原是無可厚非，第二禁實在也太不近情理了，第三禁就太沒道理了。」阿光的弟弟羅祖耀說。

「這還不是施琅那個傢伙乘機公報私仇嘛！第三禁我敢說是專門用來報復客家人的。」炎伯頗為無奈的說。

「為什麼呢？阿公，施琅為什麼要歧視客家人呢？」阿光的小兒子阿丁不解的問。

「當年鄭成功誓言要反清復明，清廷為了要對付鄭成功，採取了一種『堅壁清野』的策略……」炎伯說。

•清朝順治皇帝爲了不讓沿海居民與台灣的鄭成功往來，於西元一六六一年，下令山東至廣東的沿海居民，一律向內陸遷移三十里。

「什麼是堅壁清野呀?這樣做有什麼用處呢?」

「這樣做可以轉移人口和物資，讓鄭成功毫無所獲。這是戰爭中常用來對付敵人入侵的一種作戰方法。當時清廷下了一道「遷界令」，強迫居住在靠近海邊三十里內各省的居民，都遷往內地居住。

這道遷界令引起粵東潮陽一帶的客家人很大的不滿與反彈。你想想，誰願意放棄自己苦心經營的家園，就這樣毫無道理的成為戰爭的犧牲品?當時就有一個叫邱輝登的青年，站出來抒發他的不滿，經他這麼登高一呼，許多客家子弟一肚子的積怨得到了宣泄，順著邱輝登的召喚，數十個年輕的孩子，就聚眾占聚了潮陽東南海中的濠達(位於汕頭之南)，他們打劫揭陽、潮陽、惠來、海豐、澄海和饒平等地區。由於他們出沒無常，引起當地人的恐慌。

施琅當時擔任水師提督，這些客家子弟藐視法律，到處滋事的行為，帶給他很大的困擾與麻煩。後來，這些精力旺盛的年輕人，又加入了鄭成功的軍隊，而且當清軍與鄭軍在澎湖大海交戰的那一役中，這些客家子弟兵又把施琅的軍隊打得落花流水。因為這樣的緣故，就不難看出施琅私心報復客家人的動機了。」

「那我們永遠也不可能到台灣去了，一輩子都要繼續留在這裡過苦日子，是不是這樣啊，阿公？」阿丁好不失望啊！

屋裡一陣沈寂，炎伯不再說話，阿光也沒有答腔，祖耀沈默著，一副若有所思的模樣。阿丁失望透頂了，他曾

•福建總督、水師提督：視察、管理一至三個省的軍政、民政的首長叫做總督。實際負責國防重鎮的軍事事務的官員，就叫做提督，水師提督就是負責省內水軍操練的官吏。

經不斷的聽別人說起，海的那一邊，有一個美麗的寶島，島上四季如春，沃野千里，只要勤勞的將種子埋在土裡，就會有好收成。他一直盼望著，有一天能到台灣去，沒想到這樣的期待卻毀在一條禁令上，他難過的想哭，甚至開始憎恨那個叫做施琅的人。

這些天，惠州、潮州地區的居民，呈現一片慵懶的模樣，他們沒有下田耕作，就連準備牲畜的飼料時，也是一副無精打采的模樣。這天，阿丁看見一個他從來也沒見過的陌生男人來到家裡，和父親、阿公以及叔伯們神祕兮兮的不知道談論什麼，阿光還吩咐妻子守在庭院，有人來了要趕緊通報。

阿丁因為好奇，偷偷的溜進客廳旁邊的房間，將耳朵貼著牆壁，屏息聽著，他聽見隱隱約約、斷斷續續的聲音：

「……先坐小漁船出海……會有大船接應……。」陌生男人的聲音。

「這妥當嗎？……我擔心……攔劫……。」阿光猶豫的聲音。

「我老了，不去了，這裡的老老少少都交給我……」阿公說。

「阿爸，要去你也要一起去……回頭再接……」二叔說。

「船價太貴了，我們恐怕沒那麼多……如果被抓……完蛋了。」父親說。

•偷渡的口岸，是從廈門乘小漁船到大擔島，換大船到澎湖，再換漁船到台灣鹿耳門。後爲躲避官兵，改在打鼓（高雄）、東港、大甲、北港、新港、鹿港等小港登陸。

「大哥，這是個機會，活在這個時代要生要死都是命啊！到台灣是最後的生機了。你還猶豫什麼。」三叔大聲的說。

「如果你也有老婆孩子，我看你怎麼說。」阿光也生氣了，扯著嗓門吼了起來。

「好了。你們是故意要把這件事，說給全世界聽是吧？」阿公制止了他們的爭吵。

「已經有十幾個人繳錢了，錢到台灣以後就可以賺回來了，很多人在先前就已經偷渡過去，現在個個都是大地主了。我也不是只做你們的生意，很多人還等著我安排咧！如果你們這次沒搭上船，可能就要等更久了。到時候好的土地都被別人耕走了，別說我都沒事先告訴你們。」

•當時，每名偷渡客的收費是白銀六兩至八兩。

•根據康熙三十年修撰的「台灣府志」及康熙末年的「諸羅縣志」的描寫，當時台灣人的生活非常奢靡，即使是鞋襪也是用錦緞做的，稍微穿舊了就扔。和現代的台灣很相似。

陌生人帶著冷冷的威脅的語調說著。

「大哥，我不想跟環境低頭，我要去……。」二叔和三叔向阿公懇求著。

阿丁雖然只有八歲，卻也聽懂大人們準備偷渡到台灣的計畫。吃晚飯的時候，阿丁對著他父親說：

「阿爸，我可以去嗎？」

「去哪裡？」

「去台灣哪！」

「噓！」阿光緊張得趕緊走到門外探了探頭，微怒又緊張的壓低聲音問：「你聽誰說我們要去台灣的？這些話不能到外面亂說呀！」

「我那天偷聽到的，阿爸，我也要去台灣，我是男孩子，我可以幫忙做很多事。」

「阿丁是我們羅家的希望，讓他去。我準備把那塊地給賣了，應該夠你們幾個兄弟到台灣。我留在這裡。」阿公緊閉著雙眼，慢慢吐出了這些話。

餐桌上恢復沈默，阿丁吞下一大塊地瓜，他相信很快的，到台灣之後，就可以吃到又香又可口的白米飯了。

•相傳當時台灣的工資，較大陸內地高出三倍之多，所以許多人都夢想到台灣來賺錢，過好日子。

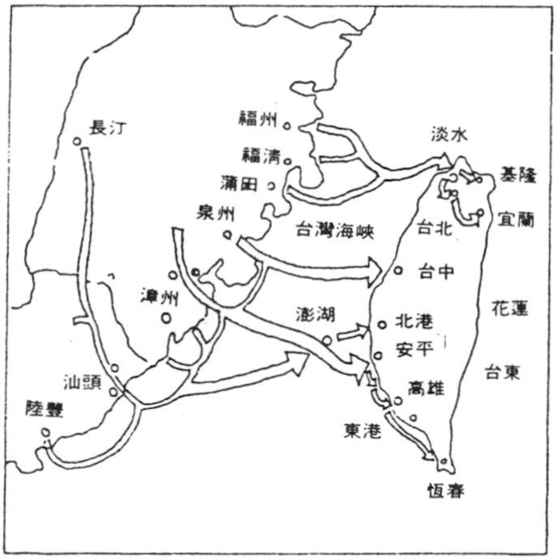

•大陸移民路線。

波濤洶湧的黑水溝

根據官方記錄，西元一七二九年到一八三八年，此時正是渡台移民橫渡黑水溝最盛行的時候，渡台途中死難的民船就更難計數了。

廈門港口的深夜，除了海風的呼嘯聲之外，就只有停泊在港口的漁船，因著海面波浪的移動而相互碰撞的聲音。今天入夜之後，忽然出現一批批的人，他們以七人一組的方式，陸陸續續登上了小艇，六艘小艇以緩慢划行的方式，漸漸的駛離了廈門港。

小艇駛離了廈門港，約一個多小時之後，海中央出現

•廈門的地理位置。

•台灣海峽俗稱黑水溝，因爲夏天有颱風、冬天有強烈的東北季風，以風浪險惡聞名。

兩艘稍大的船，小艇靠近大船，然後小艇上的人陸陸續續登上了兩艘接應的船後，大船往台灣的方向前進著。

中午十一點，兩艘大船，平穩的航行在台灣海峽上，大海波平如鏡，沒有風，氣溫熱得讓人難受。王漢裸著上身，不安的看著東邊的天空，心中湧起一股不祥的預感，東邊天空上的灰雲，已經慢慢轉為烏雲，並且逐漸向西邊推移著。

「你還得多付一個人的錢。」

「我兒子才三歲，在船底占不到多少空間，為什麼要收一個大人的錢？」

「如果每個人都帶著一個三歲的小孩，這條船就要翻啦！」

王漢被兩人的吵架聲給引開了眼光，原來是船東兼客頭的林其盛和阿東為了船費的事吵得面紅耳赤。阿東只繳了他和老婆的錢，臨上船時卻多了個三歲的孩子，船東便要多收一個大人的錢，阿東卻只願意再付三分之一的船費，兩人從上船之後就一直吵到現在。

「你再不給錢，我要你把孩子像扔行李那樣的丟到大海裡去。」

「孩子才這麼丁點大，你簡直就是土匪嘛！」

王漢發現，天上的烏雲繼續移動著，像一大塊黑色的布幕罩在頭頂上。「看來，一場狂亂的暴風雨是免不了了。」他對那兩人對暴風雨將要來臨的警訊居然渾然不覺，一股怒氣破喉而出：「你們不要再吵了，等一下的暴風雨會把整條船給掀了，到時候你們和其他所有的人的糾紛，都會一起交給老天爺解決。」

船東觀察了天候，狠狠的瞪了阿東一眼，轉身走進船艙交代事情去了。

「阿東，你不要和客頭再爭下去了，你全家的命可全操之在他的手上哪！錢再賺就有了，平安的渡過黑水溝到達台灣才是最重要的。」王漢好意的勸著阿東。

「我就是氣不過嘛！這年頭，大家都這麼苦，他何必乘人之危呢？」

「我聽說這個客頭曾經因為財錢的事，把人推到海裡去『灌水』呢！」王漢說。

阿東沈默了好一會兒，看看烏雲的天空，看看沒有一絲浪潮的大海，然後倖倖然的離開甲板走向船底。

是啊！這是個苦難的時代，若不是為了尋找兩個孩子的媽，他也犯不著遠渡重洋偷渡到台灣去。孩子的媽失蹤半年多了，聽人家說，可能被綁到台灣去賣給那些移民的羅漢腳了。王漢此趟渡台是想找回妻子。

黃昏的時候，開始下起雨來，也開始起風了，風勢雨勢漸漸的強勁起來，大浪開始吞吐著這兩艘船。

王漢親眼看見前面那艘船翻覆大海，自己乘座的這艘船，原來有二十六人，一場暴風雨歷劫之後，卻也只剩下十一人，其餘的都落海失蹤了。

經過兩天的風風雨雨，風浪終於停了，太陽像個沒事人似的，依然意氣風發的向世界灑下金光。王漢表情凝重的幫著客頭處理善後。那些落海的人經過好大工夫，突破了清朝官吏的監視，才登上船，躲過了人禍，卻奈何不了天災，最後還是葬身於險惡的黑水溝。

阿東的妻子哭哭啼啼的在甲板上拉扯著船東，要船東陪阿東的命。她認為阿東是船東推進海裡的。

「你再囉唆，我就真的把你給推下海去。」船東口氣蠻橫的吼著，這次的暴風雨讓他損失慘重。

暴風雨後的第三天，船東為了彌補自己的損失，向每個人要求再付一次費用。這項要求引起極大的反彈，他們還處在喪失親人的悲痛情境裡，隨即要他們面對如強盜般的勒索，他們決定不再支付任何一毛錢。

船東隱忍著胸中怒氣，因緊咬牙根而暴出的青筋，在

•當時用的元寶。

他的額上悄悄透漏著一項殘酷的陰謀。

沒幾天，有人看見船東和阿正發生激烈的爭吵，阿正被船東推落海裡。王漢曾經聽過這類的事件，沒想到自己乘坐的這艘船也發生了相同的狀況。他心裡開始不安起來，也許這段航程還有比暴風雨更可怕的災禍呢！

這天午夜，船上的偷渡者都在船底睡午覺，昏昏沈沈中聽到船東的喊叫聲：

「台灣到了，台灣到了，準備登陸了。」

所有的人一溜煙的來到甲板，眺望著眼前的那片陸地。

「終於到了，再不到，我都快暈死了。」

「這座島未免太荒涼了吧！這裡是台灣嗎？」

• 一六八四年（康熙二十三年），清廷曾對台灣人口做過統計。當時所設的台灣縣、鳳山縣及諸羅縣，人口數才一萬七千五百零二人。

「我們是偷渡耶！你以為可以在鹿耳門直接靠岸嗎？收拾你們的東西準備下船啦！」船東沒好氣的說。

船上的人開始猶豫起來，他們不再確定這座荒涼的島嶼就是他們的目的地了。

「你們愣在那裡做什麼？還不趕快準備下船，我還得趕回廈門去接另外一批人哪！」船東不耐煩的吼著。

船慢慢的向岸邊靠近，王漢突然跳到眾人面前，激動的說：「千萬不能下船，這裡不是台灣，我聽過的台灣不是這個樣子的，如果下船等於是死路一條。」

船東一個箭步上前，朝王漢猛力的揮出一個拳頭：「你這小子再胡說八道，我就讓你嘗嘗『灌水』的滋味。」

•偷渡船模擬圖。

王漢跌了幾個踉蹌，嘴角及鼻子都冒著鮮血，他語氣近乎懇求的說：「客頭，這年頭誰不是過著苦日子，你又何必這樣苦苦逼迫呢！我知道這個小島不是台灣，島上沒吃、沒喝的，也許還有野獸，你要錢可以，我的全給你。」

王漢轉身對其他的人說：「他要錢就給他吧，留著一條命到台灣就是一個機會。」

船，隨著波浪顛簸、搖晃著，船上的人一片靜默，只聽見海浪拍打著岸邊的岩石，海鷗此起彼落的叫著。

漸漸的，有人開始將錢丟在甲板上，錢愈丟愈多，當所有的人又付了一倍的船價之後，王漢對著面向海洋的船東說：「載我們到台灣去吧！」

•當時，台灣的開發以南部爲重，大甲溪以北則荒涼得沒有人煙。

船東望著海洋好久好久之後，才回過身說：「唉！你們不要怪我，這年頭誰不苦呢！我已經失去四艘船了，這艘船的錢還是向人借貸的。算了，這些錢你們收回去吧！我載你們到台灣去。」

船平穩的行駛在台灣海峽，台灣就快到了。你瞧，遠遠的冒出海平面的那個小點，就是台灣了。黃昏的景色真是好美呢！尤其是台灣的上空，你看，霞光滿布，這會是個好兆頭嗎？他們跳在甲板上，期待、想望著他們心中的新天地。

「天哪！糟糕了。」船東突然愣住了。

「天哪！」王漢也看到了，他的背脊不由得涼了起來，一整排荷槍實彈的清兵，沿著海岸線一整排站開等著他們。

阿火絕望的「撲通」一聲往海裡跳下去。

躲過了天災，躲過了人禍，卻躲不過這個多災的年代呀！王漢淚流滿面的佇立在甲板上，好久好久之後，他突然對著汪洋大海扯開喉嚨放聲吶喊：

「啊——啊——」

•鹿港龍山寺，建於西元一七八六年，是泉州人渡台後，仿家鄉開元寺所建。

撼人心肺的渡台悲歌

客家人因爲渡台三禁的關係，比泉、漳等閩南人晚到台灣，此時能開墾的土地已不多，爲了生存，雇工也只能任由雇主的擺布與宰割。

「勸君切莫過台灣，台灣恰似鬼門關，千個人去無人轉，知生知死都是難，就是窖場也敢去，台灣所在滅人山。」

一身邋遢，又髒又臭的阿正，每天都在這條路上來來往往，又哭又笑的吟唱著這些詞句，沒有人知道這些歌詞的作者是誰，大家反反覆覆的聽阿正唱著，聽著聽著，每

•窖場即賭場。

個人對這些歌詞也都能朗朗上口了。

大家都說羅文正發瘋了，也難怪他會瘋掉，有人說他們一家人從廈門準備偷渡到台灣時，因為住在「豬仔間」等候船期，等了兩個月，用光了所有的錢，他只好賣掉兒子，拿船資給客頭（渡台仲介），後來，他的老婆獨自外出，卻再也沒回來，據說是被拐騙到台灣當娼妓去了。

阿正還真是禍不單行呢！還沒到台灣，他的父親就病死在船上。一連串的打擊，讓阿正精神恍惚，魂不守舍。沒想到千辛萬苦到了台灣之後，受雇幫人墾田，卻碰到一個刻薄的老闆，動輒剋扣工錢，生病了還得繼續工作。在身心長期被壓抑的情況下，阿正終於崩潰了！他拿著鐮刀見人就劈、就砍，後來被人痛揍幾次之後，就呈現

•根據記載，直到一六四八年，台灣才有第一位中國婦女渡海來台。

癲瘋的狀況了。

「千個客頭無好死，分屍碎骨絕代言。阿爸，若不是那位客頭用謊話騙我們到台灣去，你也不會死在船上，也不會被扔下黑水溝……阿爸，嗚嗚……。」想到傷心處，阿正坐在路邊就哭了起來。

姜啟貴搖搖頭走過去，在阿正手下塞了個還溫熱的地瓜：「別哭了，吃地瓜。」

「一時聽信客頭話，走到東都鬼打顛，心中想起多辛苦，目汁流來在胸前，在家若係幹勤儉，豬牯都有假褲穿。」阿正又吟唱起來。

姜啟貴被歌詞給觸動了懷思鄉的情緒，有感而發的應和著阿正的吟唱：「在家若是幹儉點，何愁不富萬萬千，

・早期移民流落在台灣冤死的人很多，因此閩南人便以怨嘆的口氣說，此地是「埋冤」（閩南發音與台灣相同），後來成為台灣的初譯。

台灣不是人居住，可比番鴨大海邊，馬牛禽獸無禮儀。」

「時間到了，我得趕快去港口，要不然就來不及了。」阿正煞有其事般的拿著阿貴送他的地瓜朝港口走去。

看著阿正邋遢又孤寂的背影，阿貴一陣心酸湧進胸口，可憐的阿正啊！何時你才會真正清醒？如果你真要瘋掉，也請你先忘掉這段悲慘的記憶吧！

阿正來到港口，雙手圈在嘴巴上，對著一艘艘準備靠岸的船隻大吼大叫，不管是商船、客船、漁船，阿正都對他們叫著：

「你們不要下船哪！趕快回唐山。台灣有鬼魅呀！」

儘管阿正喊得聲嘶立竭，甚至失聲沙啞，也沒有人理會

•自一六八四年至一七八八年間，約有九十年的期間，大陸渡台的移民不准攜眷來台，衍生了許多社會問題。

他。

「總有臭餿脯鹹菜，每日三餐兩大盤，想愛出街食酒肉，出過後世轉唐山，雞啼起身做到暗，又無點心總三餐。

落霜落雪風颱雨，頭燒額痛無推懶，拾分辛苦做不得，睡日眠床除百錢，各人輕些就要做，行路都還打腳偏。你們要相信我呀！有歌這樣唱了呀！」

一個漳州來的捆工問他的同伴：「這人是誰呀？怎麼每天都到港口，你也是客家人，你聽懂他到底在唱什麼沒有？」

「大家都叫他瘋子阿正，為了到台灣，他可以說是家破人亡了，妻子跑掉了，父親和兒子也死了，受雇墾田，又受到老闆非人性的對待。所以他就瘋了，見人就叫人回唐山。他唱的那首歌也不知道是誰寫的，流行很久了。剛剛阿正唱的意思是說，每天三餐所吃的都是臭魚乾和鹹菜，想要喝酒吃肉，就要等死後轉世到唐山才可能了。雞啼就要起來工作到黑夜，長時間工作也沒有點心可以吃。天氣再惡劣也還要工作，生病了也不能休息，白天因病休息也要扣工錢，病有一點起色就得上工了，連走路都還走不穩呢！阿正特別喜歡這些歌詞，從早唱到晚，可能是跟他的遭遇很符合的緣故吧！」

「這樣啊！」捆工若有所思的瞧著瘋子阿正，然後嘆了一口好長的氣之後，繼續他手邊的工作。

一艘艘的船忙碌的在阿正的吼叫聲中，卸貨、搬貨、

•十八世紀中期以後，台灣不再像早期那麼富裕，許多人來台後才發現生活並不容易。

放人，沒多久，港口又恢復了平靜，人離開了船，船在緩慢的海水推移下蕩著龐大的船身。

「切呀切時天呀天，不該信人過台灣。」阿正轉身步出港口。「有歌就這麼唱了，我這麼努力唱給你們聽，你們聽不進去，不聽我的勸告趕快回唐山去，到時候在台灣被原住民砍頭，被剋扣工錢，或者得到瘧疾死掉，就不要怪我當初沒告訴你。」

阿正蹬著一雙破爛的草鞋離開了港口，黑夜漸漸籠罩著港口，海浪的拍擊聲應和著阿正的吟唱，在黑夜時刻，聽來更令人覺得心酸！

阿正一路哼哼唱唱的往他的「家」走去，說是家，不如說是一間廢棄的破工寮，茅草搭蓋的工寮，只有三面牆，勉強可以避雨，如果風勢強一點兒，牆就會倒塌了。

阿正走了一個多小時才回到他的家，家裡有個人盤腿坐在撲滿了乾稻梗的地上，似乎是在等阿正回來。

看到草寮裡的那個人時，阿正髒汙的臉上閃過一絲驚愕，但馬上又露出他那毫不在乎的表情。

「阿正，你怎麼變成這個樣子？」

阿正從口袋裡拿出一顆已經壓扁糊成一團的地瓜，坐在地上吃了起來，完全不理會那個人的問話。

「阿正，你真的不認識我嗎？我是你的堂弟阿金哪！你看看我，你一定認得我，我們從小一塊長大的呀！我聽說大伯父死了，阿貴被你賣掉了，你也瘋掉了，我們都等著你在台灣發財，然後回唐山去做生意呢！誰知道……」

•據估計，十八世紀中到十九世紀初，台灣游民的總數高達五十七萬之多。

「在台灣不會發財的，台灣的日子好苦哇！不管你是阿金還是阿萬，趕快回唐山去就對了。」阿正吞下一大口地瓜後繼續唱著：「放此台灣百物貴，惟有人頭不值錢，一日人工錢兩百，明知死路都敢行，抽藤做料當民壯，自己頭顱送入山，遇著生番銃一響，登時死在樹林邊……」

「不要唱了。」阿金激動的叫著，他淚流滿面的抓著阿正的肩膀用力的搖晃著：「你醒醒好嗎？我就是不相信你會瘋，你只是在逃避，你在逃避你父親的死，是不是？阿正，你給我說句人說的話來……」

「歸家說及台灣好，就係花娘婊子言，叮嚀叔姪併親戚，切莫信人過台灣，每有子弟愛來者，打死連棍丟外邊，一紙書音句句實，併無一句是虛言。」阿正自顧自的吟唱著。

「阿正，我坐了幾天幾夜的船，今天才來到這裡，我阿爸要我來找你們，說大家在一起有個照應，萬萬沒想到……我們是那麼要好的兄弟，你趕快清醒過來，我們一起留在台灣奮鬥，一起，好嗎？」阿金說。

「不該信人過台灣，李陵誤入單于國，心懷常念漢江山，我今至此也如此，黑髮及為白髮年。」

阿金眼見阿正瘋言瘋語完全不理會他的勸說，不禁怒火攻心，氣急敗壞的一把打掉阿正手上的番薯，再朝他的臉頰揮去一個拳頭，阿正踉蹌倒地。

「不管你是真瘋還是假瘋，這一個拳頭是不是可以把你打醒，我要告訴你，生活再苦，每個人也都咬著牙和血吞，你竟然這麼懦弱，你就繼續用這種方式去逃避吧！」

阿金說完，氣沖沖的走了。

阿正枯坐在稻草堆上，他停止吟唱，把頭埋在膝蓋裡痛哭了起來。不知哭了多久，天微微亮了，阿正撥著地上的乾草，找到昨天被阿金打落的番薯，又繼續唱著那首憾人心肺的「渡台悲歌」！

•「渡台悲歌」是清代台灣的一位無名詩人做的，他以客家語寫出，勸告大陸親友不要渡台。

拓墾農民遇上馘首獵人

早期移民必須向原住民租地耕種，但有些不肖的漢人以欺騙的手段，將土地占爲己有，引起原住民的憤怒，進而開始反擊。

蔡家莊是一個新成立的村莊，村民大都是從福建漳州移民過來的，他們選擇了這片平地，作為拓墾的基地。他們先將樹木砍除，放火燒掉雜草灌木，然後用茅草及木頭搭蓋房舍，作為暫時棲身之所。在一切安定之後，他們準備向原住民租地，然後耕種五穀雜糧或其他作物。

清廷將許多的土地歸屬給原住民，讓原住民做土地的

•早期的平埔族，狩獵由男人負責、農業生產以婦女爲主。

主人，有興趣的漢人移民可以去承租他們的土地，當佃農。這是清廷沿用雍正三年所實施的「番大租」制度，也是清廷所施行的一種理番政策。

距離蔡家莊不遠的靠近山邊的聚落，是一個原住民部落，早在開放大陸移民之前，他們就已經在這片土地生活了數百年了，他們靠著狩獵以及耕種維持生活。經過幾次的戰亂之後，他們也期待未來有真正和平的一天。

可是，自從清朝開放大陸移民台灣之後，許多部落的原住民對平靜生活的嚮往，更覺得遙不可期了，這好像才剛剛結束一場噩夢，另一場噩夢卻忽然從他們所尊敬的土地裡長了出來一般。

蔡家莊的莊主蔡添旺帶著幾匹布料、幾壺酒來到部落

•西元一七二一年（康熙六十年），曾立石為界，禁止台灣人越入番人的處所，稱為「番界」。

酋長家裡。

「小小的意思請你收下。」蔡莊主請隨行的翻譯傳達他的意思。「今天來此是想和你談土地租約的事情。」

酋長摸摸蔡莊主帶來的布料，滿意的點點頭。

「以後每年我們會送來布匹和酒，還有穀子作為租金，你覺得怎麼樣？」

原住民是個善於狩獵的民族，雖然他們擁有廣大面積的土地，卻不精於農作，也不懂得這樣的租約是否划算，卻只被眼前的近利給吸引了。

「好，可以。」酋長爽快的允諾。「從那邊那條溪一直到山邊山腳下那塊地租給你們。」

蔡莊主拿出紙筆，開始寫租用土地契約，他狡猾的將

•因爲原住民的農業生產以婦女爲主，因此許多漢人以娶「番女」爲由，取得原住民的土地。

•台灣原住民分爲泰雅、賽夏、布農、鄒、魯凱、排灣、卑南、阿美和雅美等九族。除了雅美族外，全都有「出草」獵頭的風俗。

•原住民揹柴的婦女。

原先約定好的界線延伸而且加寬了，並且將租用契約寫成買賣契約，酋長不懂漢字，又謹遵人與人之間的誠信原則，沒找其他人來解讀這分文件，就在出賣土地契約書上，蓋下了他的大手印，以為證明。

「哈哈，他實在太笨，太好騙了，只用一點便宜的東西，就換了那麼一大片土地。哈哈哈，我今天實在太開心了。」蔡莊主笑得闔不攏嘴，眼睛也瞇成一條線。

「蔡老闆，這樣……這樣做未免有失厚道吧！」夥計莊正為覺得很不妥。

「你懂個什麼？那些原住民根本對耕種一竅不通，留著那麼一大片土地多浪費呀！這不關你的事，你只要把你的活做好就行了。」

蔡莊主正為自己不費吹灰之力，就得到這片廣袤的土地，開心得連作夢都笑開了嘴。他萬萬也沒想到，事實上，他已經為整個村莊往後的生存環境，種下了惡因！

過沒多久，酋長經過蔡家莊的耕地，發現他們已越界開墾，他趕緊出面制止。

「你們超過界限了，這些地並沒有租給你們。」

蔡莊主出面說明：「這片土地你已經賣給我了，你沒有權利過問土地的事。」

酋長這時候才警覺到彷彿被騙了，他急得跳腳，拿出契約書：

「這上面寫得清清楚楚，土地是租給你們的。」

「這上面寫得清清楚楚，你已經把土地賣給我們

•原住民的轎子。

•原住民持槍男子。

•通事：處理對外事務，主要擔任翻譯、傳達。

了。」蔡莊主一個字一個字的說著。

酋長知道自己被騙了，他很懊惱自己對別人的信任卻換來無情的欺騙。他不甘白白的損失這麼一大片土地，一狀告到官府去。

沒想到蔡莊主早一步賄賂了番語的通事，讓通事顛倒是非，隱瞞官府實情，讓酋長百口莫辯，因而敗訴。

「他們太可惡了！通事偏袒自己的同胞，竟然這樣昧著良心聯合起來欺騙我們的土地。」酋長心有不甘的說。

為了不讓族人們在漢人的巧言令色下失去土地，酋長三令五申的對族人們呼籲。但是，這些移民騙取土地的花招百出，防不勝防。

酋長陸陸續續接到部落裡的族人，遭人設下陷阱騙走

•雍正初期，清廷允許漢人以「割地換水」的方式，與原住民取得土地。

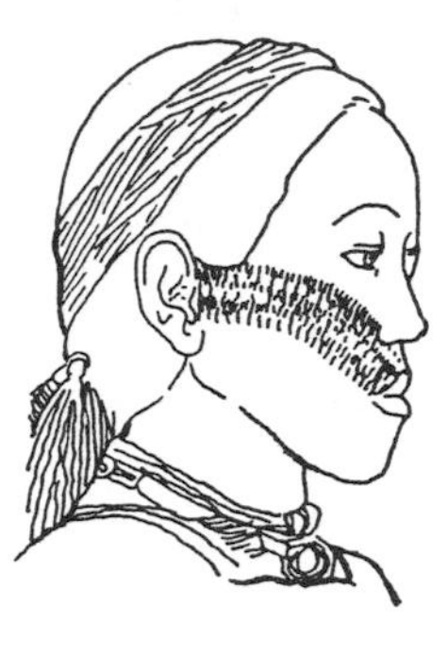

•黥面的原住民。

了土地的事件；也有族人向漢人移民賒錢買東西，因為不懂算術，在利滾利的情況下，番大租變成了抵還品。許多土地就在大陸移民使用各種拐騙與伎倆下，終於成為大陸移民所有了。

大陸移民愈來愈多，勢力愈來愈大，原住民的力量就愈顯得薄弱，移民們甚至仗著人多勢眾，強行侵占原住民的土地。

原住民在無地可耕作的情況下，帶著滿腹的怒氣開始大規模的往山林裡遷移。

不久，就陸陸續續有人在山林裡失蹤的事件傳出。

樵夫阿木在林子裡工作有一段時間了，他奉了老闆的指示要採一些藤回去編些家具或椅子什麼的。他賣力的揮動柴刀，想砍下一條長約五百呎纏繞在樹幹上的藤，剛開始，阿木很警覺的邊工作邊向四周環視，以免遭受潛伏在附近的原住民的襲擊，後來，由於太專心於工作，而鬆懈了警戒，絲毫不察他身後的大石塊後頭，有一對銳利且充滿殺氣的眼神正盯著他，當他發現阿木渾然忘我的樂在工作時，便亦步亦趨的朝他走去，然後出其不意的用長槍刺向阿木，然後取下他的頭顱。

阿木的老闆蔡莊主等了一個星期仍不見阿木取藤回來，開始覺得阿木的命運是凶多吉少了。連阿木在內，他一共被原住民狙擊了三名採藤的雇工，他覺得一定得採取一些行動了，讓原住民也嘗嘗他們的厲害。

幾起農民失蹤事件，在蔡家莊裡引起不少的恐慌，他們肯定這些失蹤的農民已遭原住民殺害了。他們組織了自衛隊，並警告村民千萬不要隻身進入山林。

蔡家莊的自衛隊為了採取報復手段，在深夜利用原住民熟睡的時候，潛入山林，砍殺了幾名原住民，也搗毀了幾棟住屋。

從此，這兩個村落之間，開始瀰漫著一股緊張得令人窒息的氣氛。即使只是一點風吹草動，也會讓這兩個聚落的人膽戰心驚，全身處於警戒狀態。

因為土地，也因為生存。

荒野時代，每個族群都必須為了保衛土地，爭取更多活下去的空間，而不斷的戰鬥，戰鬥。

•台灣野豬。

番仔駙馬張達京

移民者和當地原住民常爲了爭奪耕地引起紛爭。一七一六年，漢人張達京娶原住民頭目之女爲妻，對山地的開發與漢番相處，有很大的功勞。

這天午後，平埔族岸裡社阿穆頭目，口含著用竹管削製的菸斗，走到村子後頭的瞭望台，靜靜的看著眼前那片大草原，幾位族人在太陽底下勤奮的清除蔓生的雜草，以便播下小米的種子。阿穆吐出一口煙後，又重重的嘆了口氣，「這片土地真是多災多難哪！西班牙人來了，荷蘭人將他們趕走，鄭成功又趕走荷蘭人，本以為天下就要平靜了，沒想到清廷又把鄭成功的勢力給消滅了，這麼多的戰亂，也許這回會真正的平靜了吧！」

阿穆走下瞭望台，蹲下身拔起身邊的幾叢雜草後，用手捧起一把略顯黑色的泥土，放在鼻尖嗅了嗅，然後滿足的讓黑土從他的指間滑落。台中盆地可是台灣最肥沃的土地呢，土色是黑的，還有光澤，所生產的農作更是碩大肥美，是許多人爭相擁有的黑土地帶呢！多麼豐腴的耕地，只要勤於耕種，一定會有好收成的。阿穆站起身，拍掉手上的泥灰。

「頭目，頭目，不好了，不好了！」

正在思索該如何經營這片家園的阿穆，卻被急促的叫喚聲給打斷了思緒。

•台中盆地。

•台中盆地自古即被稱為最肥沃的土地。

「發生什麼事了？這麼急？」

「漢人又闖進我們的耕地了，阿歷卡氣不過，和他們打了起來。」

自從大陸的移民如潮浪般的湧進台灣之後，這種漢人與族人因為爭奪耕地而引發的打鬥事件，真是層出不窮，這樣的紛爭到底要到何時才得以停歇呢？阿穆在心裡做了一個決定：原住民與新移民一定要和睦相處，雙方才能過和平安樂的生活，如果再如此敵對下去，雙方的損失一定會更慘重的。

阿穆以平和的方式處理了這個小事件之後，決定要挺身而出，響應清廷的歸化運動，向官方申請歸順，惟有這樣，才能杜絕有人因為土地犧牲了可貴的生命。

清廷十分樂意的接受了阿穆的歸化，認為這是很好的示範，並期待有更多的原住民能效尤阿穆這般的明理與具有見識。自從阿穆歸化清廷開放部落耕地之後，卻也因此吸引了廣東省的客家人以及福建泉洲的移民潮到此拓墾。

有一個叫張達京的客家青年，就在這個時候也來到了台中盆地參與墾荒的行列。他在住屋不遠的地方，種了幾棵樟樹，作為工作之餘休息、閒談、用餐以及午睡之處。

有一天，張達京正在田裡工作，看見阿穆正往部落的方向走著，他的身邊一如反常的跟隨著一個妙齡少女，她那明亮的大眼睛，以及全身上下都透著一個健康女孩應有的氣息，在放眼望去都是羅漢腳的墾田歲月，少女的出現，就像雨後的彩虹一般，在灰漠漠的色調中大放異采，

•張達京，原是廣東大埔縣人，於雍正三年擔任岸裡社的通事。

•台灣話稱無產、無妻，游手好閒的游民爲羅漢腳。

張達京竟然對這位少女一見鍾情。

「嗨，阿穆頭目。」張達京喊住阿穆，然後快步追上去，他還不知道要和阿穆說些什麼，只是覺得他必須這樣叫住他。

「有什麼事嗎？」阿穆停下腳步問道。

「喔，沒事，天氣——很熱，我想請你們到屋裡喝杯茶。」張達京雖是對阿穆講話，眼神卻老是飄向那位少女。

阿穆看在眼裡，心裡有數了。他說：「我還有事呢！喝茶，我看改天吧！」

阿穆帶著少女告辭了，臨走前，少女悄悄的看了張達京一眼，讓張達京覺得自己彷彿長了一對翅膀，幾乎要飛

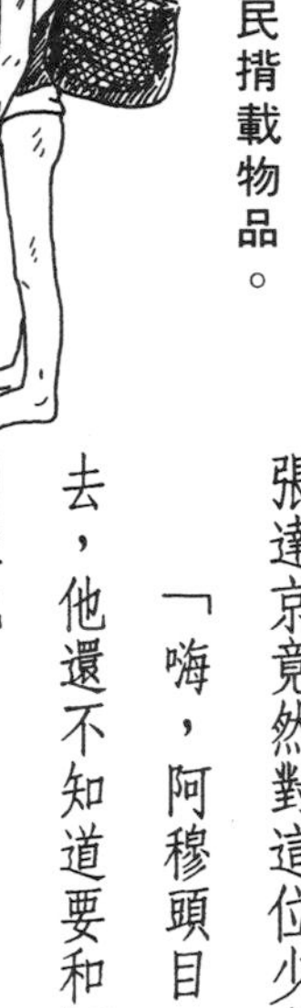

•原住民揹載物品。

起來了。

後來，有人告訴他，那位少女正是阿穆的掌上明珠。

自從遇見那位少女之後，張達京就變得魂不守舍，日日盼著他心目中的公主能再度經過他的眼前。張達京終於抵不住日夜思念的折磨，決定請他的雇主張滿陪同，到岸裡社去向阿穆頭目求親。

一路上，手提著兩隻雞的張達京，一顆心七上八下的。出發前，他的夥伴們都告訴他，漢人與原住民因為土地的糾紛造成的歧見，深如台灣的黑水溝，阿穆允婚的可能性不大。張達京卻認為阿穆曾經以歸化清廷來緩和與移民之間的緊張關係，足可證明他是個既有見識又明理的長者，即使婚事談不成，也不致給他太大的難堪吧，反正總

•台灣早期，原住民與漢族融合的過程中，漢人常成爲被獵頭的對象，當時稱爲「番害」。

•張達京因爲和原住民的關係很好，將出資開壁水圳的水，分二份給原住民使用，換得原住民的土地。

該為自己的幸福放手一搏嘛！

張達京和張滿來到阿穆家，張滿誠懇的說明來意，阿穆了解他們的來意之後，看看張達京，然後呵呵大笑起來。阿穆滿口答應，直說：

「這是件好事，真是件大好事呢！」

一向主張彼此和睦相處的阿穆，認為這次的通婚，將會帶給漢人和原住民一個新的景象。況且張達京是個勤快又老實的客家小伙子，把女兒嫁給他，也可以放心。

張達京風光的娶了頭目的女兒，從此有人稱他為「番仔駙馬」。成了駙馬，張達京就開始替阿穆管理土地和產業。

地方官非常讚許阿穆，因為他的歸化，讓他這個地方官省去了很多的麻煩，要不然光是解決移民與原住民間的糾紛，就足以讓他忙得焦頭爛額了。所以他鼓勵張達京能到北京去晉見皇帝。

成親沒多久，張達京就帶著大舅子，也就是阿穆的兒子，飄洋過海到北京去晉見雍正皇帝，向雍正皇帝提起岳父歸化清朝，力勸移民與原住民應該和平相處，才能帶動地方建設。皇帝聽後對他讚譽有加，給張達京許多的賞賜，也替他授功加官銜。

從京城返回台灣時，張達京特地到福建省莆田縣湄州媽祖嶼祖廟分香，分香歸來，就在社口興建萬興宮供奉媽祖。

張達京自從從京城帶著官銜回來，又是頭目的女婿，

•歸化後的原住民，除了仍打赤腳外，穿著、打扮已經和漢人相似。

漸漸的，他在台中地區就建立了不墜的聲望。

為了更快速開拓及建設台中盆地，張達京招攬了許多住在濁水溪以南隸屬福建、廣東兩省的張姓、廖姓的移民，然後把土地分給他們，要他們加入開拓台中的行列，成為「大業主」。由於他們所分得的土地很多，全家都出動了還耕種不了，他們只好又招攬了其他的移民從事開墾，成為「管業戶」，等於替張達京管理土地。這些替張、廖姓耕作的人，被稱為佃農，佃農必須繳穀租給管業戶和業主，形成台中盆地土地開發的一種制度。

張姓、廖姓兩家，為了感念張達京當初讓他們在台中地區落地生根，並建立了一片繁榮的家園，都認張達京為本家，因此，張、廖簡稱為一家。

•張達京的漢番通婚，對促進漢番和睦有很大的作用。

張達京開發台中盆地迄今約兩百多年了，除了當初栽種的那幾株樟樹依然在原處之外，歷經土地的改革，環境的變遷，張達京的故居也在種種的因素之下，已無處查尋了，只有位於現今台中縣社口村林家屋後牆外那幾棵百年老樟樹，依然搖曳著樹梢，一遍又一遍的述說，關於「番仔駙馬」的故事。

原住民的打扮。

出草祭慶典

擔任通事的吳鳳，爲了改變原住民每年以人頭祭祀的習俗，一七六六年在苦無良策下，只好犧牲了自己。

康熙年中，諸羅地區的原住民歸化清朝，清朝方面急著徵募一名懂原住民語言，了解原住民生活習性的人，擔任通事的職務。

「諸羅的吳鳳最有資格擔任這個職位了。」有人向清廷力荐吳鳳。

吳鳳從小就研讀詩書，因此長大以後聰慧明理，為人

•通事：處理對外事務，主要擔任翻譯、傳達。

•吳鳳小時候經常隨著父親出入番地，熟悉原住民的語言。

也具俠義精神，很受地方人士的敬重。他隨著父親從福建省播遷來台，定居在諸羅，一方面跟隨父親從事墾殖工作，一方面與當地原住民通商，平常也頗為原住民抱不平。因為常有一些狡猾的漢人，利用原住民的樸實與對人信任的弱點，花言巧語或用不值錢的東西，將原住民的土地占為己有，因此激怒了原住民，引起他們常常出草劫殺漢人，以為報復。

吳鳳為了要改善這樣循環的惡因，於康熙六十一年，二十四歲的年紀，就任通事的職務。

吳鳳就任後的第一件事，就公告立下了三項原則：

一、嚴禁社商／社棍非法剝削原住民。

二、返還向原住民所借之土地，嚴禁漢人侵占，並嚴

- 「諸羅」指的是今日的嘉義。
- 諸羅地區的原住民屬於鄒族。

•通事的工作是處理漢人和原住民間的貿易，以及撫化原住民。

格監督收番課番租。

三、革除弊習，刷新政風。

吳鳳這三項條例明顯的保護著原住民的權益，原住民對他更是敬畏有加。

阿里山當時共有大小部落四十八社，每個社都有頭目。他們勇猛善獵，每到秋收時，有用人頭祭祀的習俗，一方面慶祝豐收，一方面祈求祖先保佑他們平安。因此漢人都不敢進入原住民部落。

吳鳳就任阿里山通事後的第一個秋天，他為著將要面對的難題，努力思索著一種兩全的辦法。

吳鳳的朋友見他為了原住民秋祭的事眉頭深鎖，於是好心的勸他：

「不是已經約定好了每年給他們兩個人，你就給他們嘛，問題解決了，對你也沒有損失啊！」

沒想到吳鳳聽完這段話，勃然大怒：

「漢人也好，原住民也好，每個人的生命都是可貴的。沒有罪而殺人，這是不仁；殺了同胞以求個人的利益，這是不義；原住民要殺漢人，我們給他們人，這是不智啊！無論如何，我都要制止原住民這樣獵人頭的行為。」

有天中午，幾名原住民代表到公廳求見吳鳳：「以前的通事和我們有約定，每年提供漢人男女兩名給我們秋收祭祀用，我們的祭典就要舉行了，人可以給我們了嗎？」

難題終於到來了，對於原住民這種殘暴的惡習，吳鳳

•從前，阿里山鄒族每年有「出草」獵人頭的習俗。

•吳鳳以前的通事，曾與原住民約定，每年以漢人男女二人給原住民，讓他們祭神，稱爲「作饗」。

•民間傳說朱一貴爲「鴨母王」，因爲他有讓鴨群排隊的本事。西元一七二一年（康熙六十年），他起兵反抗清廷，自立爲中興王。

真是深惡痛絕，他發誓一定要革除原住民殺人的惡習。他大聲的斥責這些原住民代表：

「朱一貴之亂的時候，你們也附和出來殘殺漢人，一共斬了多少首級？那些首級現在存放在哪裡？」

原住民代表見吳鳳怒容滿面，於是怯怯的回答：「一共存有四十幾個首級。」

「特准你們將那四十幾個首級，一年祭祀一個，用完再說。如果你們違反了這項規定，又去出草殺人，我馬上會將你們的部落燒燬。你們一定要牢牢記住，不可違反。」

吳鳳說完，還贈送許多布帛以及牛、豬等牲畜，並苦口婆心的勸他們改變祭典的方式。原住民們受到他們所敬

仰的吳鳳一再誠懇的勸說，只好勉強答應。

從這時候開始，阿里山社裡的原住民，沈寂了四十年，沒有再出草殺人。

到了乾隆三十一年（西元一七六六年），原住民所存的首級已經用完。他們請求吳鳳履行當年的承諾，給他們兩個人。吳鳳很為難的說：

「今年收成不錯，我買不到窮人給你們，先送你們兩隻豬代替人頭吧！」

原住民只好趕著兩隻豬回部落去。

第二年秋收時，原住民又來懇求吳鳳，吳鳳又送他們兩頭牛作為祭品。

到了第三年，吳鳳又送他們牲畜代替。原住民積壓已

•鄒族勇士的打扮。

久的怨氣終於爆發出來了：

「吳通事太狡猾了，他分明是故意欺騙我們，他永遠不會給我們人頭了。」

「他不再像以前那樣照顧我們了。」

「我們找他討個公道去。」

於是原住民們全都聚集在公聽外頭，吵嚷喧嘌著：

「今天不給人，我們就殺吳鳳，拿他的人頭祭祀。」

吳鳳眼見再也無法撫平原住民憤怒的心，為了感化愚頑的原住民，吳鳳暗自下了一個決定。他請頭目及幾位原住民代表進入公廳內，義正辭嚴的說：

「殺人是罪惡的行為，也是國法難容的。既然有約在先，我也要遵守這項約定，這樣吧！明天清晨，有一位穿

•吳鳳晚年除了極力革除原住民「出草」的惡習，並致力於劃清山界，有具體的貢獻。

•鄒族頭目的打扮。

•鄒族的住屋。

•一七六九年（乾隆三十四年），吳鳳於七十一歲時去世，一生連續擔任通事四十八年。

紅衣戴紅帽的人，會出現在這附近，你們可以殺他祭祀，不過，你們不能再殺害其他的人，否則會遭天譴。」

第二天清晨，阿里山上霧氣濃重，原住民經過一夜的守候，終於等到了吳鳳所形容的人出現，他們一擁而上，紅衣人倒地，原住民為勝利歡呼起來，他們仔細一看，所殺的人竟然是吳通事，有人痛心自責，有人因為驚慌而逃離。

吳鳳過世後沒多久，阿里山地區流行可怕的瘟疫，原住民死亡人數遽增，農作物歉收，連連的天災人禍，使他們惶恐不安，各社頭目聚集都表示後悔，這樣連串的災難一定是受了吳鳳的懲罰，於是接受漢人的建議，在他的靈位前上香跪拜，並且宣示從此不再殺人。

經過很多很多年之後，阿里山地區的原住民過著與山林融合的生活，大自然的寬闊與偉大，讓他們養成更謙卑、更樸實好客的民族性格。當有人說起吳鳳這個傳說，有很多很多阿里山上原住民的後代子孫，對他們的祖先殺害吳鳳事件很不以為然，認為那是日據時代，日本人為了塑造吳鳳這樣一位英雄，而犧牲原住民形象的結果；也有人說，確實有吳鳳這個人，吳鳳過世後沒多久，阿里山地區的確流行著瘟疫與瘧疾，許多人沒逃過這場天災。

郁永河陽明山上採硫磺

一六九七年，探險家郁永河帶著百來人，由南而北，最後深入北投山區開採硫磺，並著書描述當時的台灣情況，爲台灣歷史留下重要記錄。

清康熙三十五年（西元一六九六年）冬天的某一個深夜，當大家都還躲在被窩裡享受睡眠時，福建省會榕城裡，突然發出「碰！碰！碰！」的連續巨響，震耳欲聾的響聲，震得方圓幾百里的住家魂飛魄散。

火藥庫爆炸起火了！當場燒燬了五十多萬斤的火藥，熊熊的火焰也把負責看管火藥庫的典守的一顆心燒得焦

•西元一六九六年，靖海侯施琅去世，廣東惠州、潮州的老百姓開始可以渡台，因此客家人開始大量移民台灣。

慮，因為這是他的疏失，所以他得負責賠償這場大火所造成的火藥的損失。

憂心忡忡的典守，為了這事，幾天幾夜未曾入眠。有人告訴他，台灣北投產有可製造火藥的硫磺礦。典守欣喜之餘，立即派員前往台灣開採。可是傳說淡水、北投尚未開闢，是個充滿瘴癘的地方，「人至即病，病輒死。」明鄭時代曾把罪犯貶放到那兒去呢！所以沒有人願意前往。典守心急如焚的只好四處託人尋找志願到台灣的人。

杭州有一位秀才，名叫郁永河，他生性喜愛冒險、旅行。當年，郁永河正巧在福建旅行，聽到這則徵人到台灣採硫磺的消息，興奮不已，他早聽說台灣山川壯麗，原始之地美不勝收，早就想一遊寶島風光了。這次是千載難逢的機會呀！他趕緊趕到榕城，向典守請求派他前往台灣。

隔年春天，郁永河帶著百來位隨行的工匠及僕役，從榕城啟程到達廈門，然後從廈門的擔擔島出發。船隊在海上飄泊了四天四夜之後，經過澎湖抵達了鹿耳門。登陸之後，又搭乘小船過內海台江到達郡城（今台南市中心）。

郁永河走在郡城街上，由於這幾年正好是清朝剛接管台灣不久，百廢待舉，街景顯得非常荒涼，衙門的牆倒塌了，等著重建；一輛輛的牛車載著貨物與人在街上來來往往。

郁永河在郡城停留了兩個月，購買採礦所需要的物品，包括：布、油、糖，鑄大鑊、刀、斧、鋤、杓、小木桶；還有製秤、尺、斗、斛等等。還購買了足夠的鹽、

・當時，從大陸廈門經澎湖到台南的鹿耳門，要花十天十夜的時間，而郁永河只花了四天四夜的時間。他在「稗海紀遊」裡說自己非常幸運。

●台灣的馬很少，交通都靠牛和牛車。此圖是戲班子乘牛車巡迴表演的情景。

筐、碗、箸，一共花了九百八十兩，另外他還買了一艘大船來載運這些物品。

「奇怪了，郁先生，採硫磺為什麼要用到布呢？」隨行的工匠不解的問。「還有糖跟油，我實在搞不懂這些東西有什麼作用呢？」

「這些布是要和原住民交換硫土用的，油是用來提煉硫磺的，糖呢，最主要是給工匠們飲用，還有用來洗身，這樣可以避免硫毒的侵害。」郁永河一一說明了這些物品的用處。

完成所有的採購作業之後，郁永河將人、貨分水、陸二路前進，由同行的王雲森押船循水路，他則從郡城搭牛車走山路。

首先抵達麻豆，郁永河非常驚訝麻豆的原住民竟然懂得漢字，也聽懂漢話，他衷心佩服鄭成功時期對原住民教化的成功。麻豆以北的路段無法通行牛車，郁永河一行人只好長途跋涉的翻山越嶺，經過幾個大草原和溪谷，才到達諸羅山（嘉義市），在這裡，他看見許多臉上刺青，頭上插有羽毛的原住民。

山路崎嶇，遍地荊棘，麋鹿成群，野猴襲人，這一路可真是備嘗艱辛哪！幸好途經的各個原住民部落，原住民多屬馴良，並不殺人，還提供糧食給他們，並為他們帶路。原來當時的漢人移民並不多，還沒有實際又強硬的侵略行為，所以彼此之間還能和睦相處。

郁永河經過一個部落時，看見幾個原住民捕獲一頭野

•當年的麻豆即現今以產文旦盛名的台南縣麻豆鎮。

•郁永河將這種捕捉、餵養、馴服野牛的情形都記錄下來，在文化史上具有很高的價值。

•凱達格蘭語的獨木舟，就叫「莽甲」。（艋舺亦是萬華的古地名）

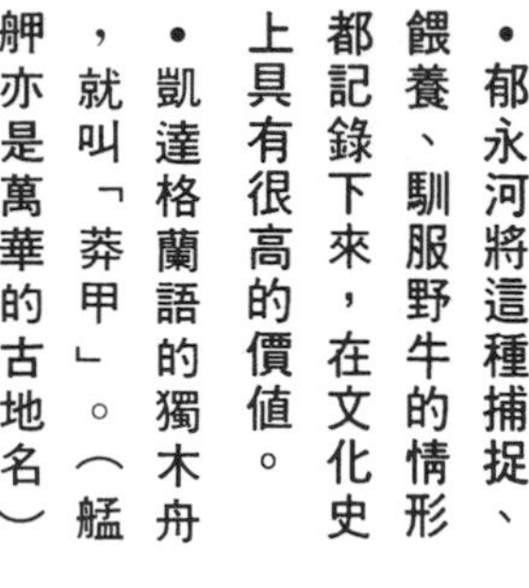

牛，他請翻譯詢問，抓野牛是不是要吃牠的肉？

「不是，我們會用柵欄把牛給圍起來，不給牠任何的食物，當牛餓得無法站立時，就用鞭子抽牠，直到野牛奄奄一息了，再餵牠食物；等牛養足了精神，再開始餓牠，鞭打牠，這樣循環幾次之後，再凶惡的野牛也會失去鬥志，這時候，就可以把已經馴服的野牛賣給漢人，漢人會驅使他們下田耕作。」原住民說。

郁永河一行人，吃足了苦頭，走破了多雙草鞋，歷經一個月的跋涉終於到達了台灣的最頂端——淡水。郁永河請淡水通事先將貨物運到北投社，並先搭蓋臨時房舍，準備所需的物品。隔了幾天，郁永河才率其他人乘坐獨木舟前往，當地人稱這種只能乘坐兩人的獨木舟為莽甲。幾個小時之後，莽甲進入一個窄窄的河道，兩山夾峙，郁永河不禁為此美景大聲驚呼！當地人說那是甘答門（就是今天的關渡），莽甲一進入甘答門，河道變寬了，視野也豁然開朗，甘答門竟是這麼一個虛渺無邊的汪洋大湖。

莽甲繼續前進了幾公里後，抵達北投社。略作休息之後，郁永河就請通事把附近各個原住民部落的酋長請來，有事與他們商議。

北投、淡水附近總共二十三個部落酋長都來了。郁永河準備了好酒以及甜食請他們飲用，又給他們幾尺布匹做為見面禮，然後，郁永河對他們說。

「各位酋長，我們想要在這裡採集硫土，請你們回去轉告你們的族人，請他們多去挖掘硫土，每筐可以換七尺

•當時，居住在北台灣的原住民，屬於凱達格蘭族。

•凱達格蘭族是平埔族中的一支，在北台灣已經生活一千多年，後來因漢族通婚而融合成一體。

的布料，剛好可以做一件衣服。

原住民聽到這些到處可見的硫土竟然可以挖去換布，全都喜出望外的準備大顯身手，因為窮鄉僻壤，是很難買到布料的。

第二天開始，就有原住民一筐筐、一擔擔的挑來硫土，郁永河也信守承諾的送出布料，同時，工匠們也開始煉製硫磺。一向平靜的山林，忽然之間變得忙碌起來。

郁永河是個文人，除了督導硫磺的煉製之餘，他也寫作文章，記錄在這個島嶼上的所見所聞，包括他為了一探硫磺的產地，而發現了一個地熱如火、四周草木不生的地方，他看見五十餘道的白氣，從地底下激湧而出，硫氣嗆鼻難聞，想必這兒就是硫穴的所在地了（此地就是今日新北投溫泉區）。

台灣的天氣早晚風很大，午後又異常鬱熱，入夜後寒冷；這樣潮溼炎熱的環境，加上荒野未開之地，殘枝敗葉與動物屍體所散發的腐臭，帶來各式蚊蠅與傳染病。因此工作才一個多月之後，因為水土惡劣，許多採硫工人以及煉硫的工匠，一個個都病倒了，郁永河忙著將病人運回淡水醫治，再重新招募工人上山採礦。

真是屋漏偏逢連夜雨，就在進度遲緩落後的時候，又遭逢颱風的肆虐，強風把他們住的房子給吹倒了，郁永河冒著風雨到森林裡砍伐木材支撐房子；沒多久山洪暴發了，大量的泥水沖倒了房子，郁永河只好帶著工人逃到高處，躲在一間草寮裡。沒想到草寮隨即也被風給吹翻了，

•清代的台灣民眾，清潔衛生的觀念不夠，加上環境濕熱，許多人罹犯腐骨、臭腳、爛手等病症。

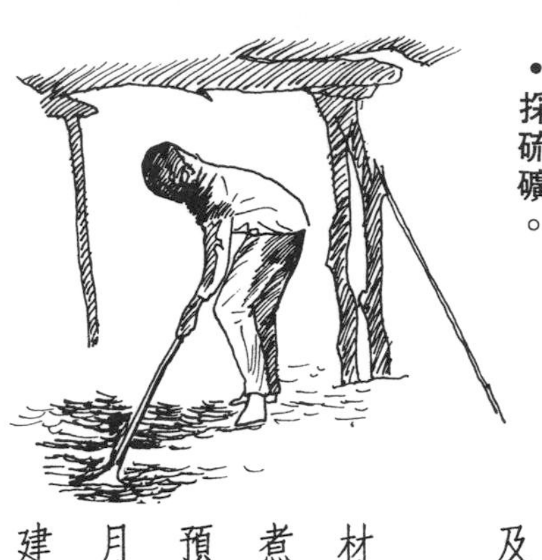

•採硫礦。

他們只好跑到原住民家中暫住，因匆忙中來不及帶出財物及食物，只好脫下衣服向原住民換取食物。

暴風雨終於停了，洪水也退了，郁永河又忙著砍伐木材重建住屋。繼續鼓勵原住民挖掘硫土，再聘請一批工人煮硫，就這樣在北投山區工作了半年，已提煉完成當初所預定的數目了。在清康熙三十六年（西元一六九七年）十月初七日，郁永河帶著用血汗辛苦煉製的硫磺，準備回福建覆命。

當郁永河回到大陸，望見南台大橋（在福州），以及他所熟悉的城市景物，回想這半年身處在台灣那個險惡的山區，真是恍如隔世啊！

郁永河在台灣停留的半年裡，共著有「裨海遊記」、

「番境補遺」、「海上紀略」等書，這些書不僅在學術界流名千古，也是人類學家研究台灣歷史極為重要的依據。

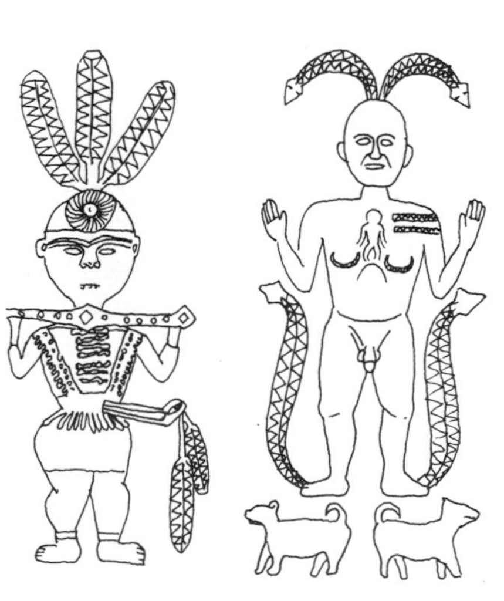

•原住民的圖騰。

吳球、劉卻揭竿起義

清廷在治台期間，有句「三年小反，五年大反」的俗諺。各地高舉「反清復明」的起義事件層出不窮，吳球和劉卻就是其中反抗的人。

清朝入主台灣已十多年了，看似平靜的台灣，實際上卻是暗潮洶湧。許多明朝的後裔與遺民，潛藏的民族意識，讓他們日夜思歸故國，經過這許多年的醞釀，「反清復明」的力量，在民間已悄悄的匯聚成一股巨流，隨時都可能以排山倒海之勢，給侵略者一個當頭棒喝。

康熙三十五年（西元一六九六年）七月十五，台灣各個角落，都準備了豐盛食物，舉行中元普度，施食孤魂餓鬼。南台灣諸羅縣吳球家中，也熱鬧的為「中元節」忙碌著。

吳球以舉行「盂蘭盆會」的名義，邀請了眾多朋友來家中同樂。數十名壯年男子在屋裡熱絡的聚會，喝的是烈酒，談的卻是令在場的每個人熱血沸騰、慷慨激昂的復明行動。

吳球祕密結合了這十幾名有志之士，在當天正式成立了「反清復明同盟會」。吳球被眾人選為盟主，明室後裔朱祐龍被推舉為國師。

吳球在會中頗為激動的說：「明朝滅亡了，我們成了無根的人，地位連豬狗都不如，活在這樣的亂世中，圖的

•中元普渡的習俗，從什麼時候開始，現在已無從考據，但是大約就是清廷入主台灣的初期。

•吳球精於拳術，而且結交很多朋友，被尊爲「大哥」。

•朱祐龍因爲姓朱，自稱爲明室後裔。

就是生與死的尊嚴。今天我們當以推翻滿清恢復明朝為職志，經我們衆兄弟一致公推祐龍兄為國師，請各位同志號召各路豪傑參與反清復明的志業，集合衆人的力量，一舉打敗滿清。」

吳球一說完，朱祐龍高舉酒杯對大家說：「我們今天以酒立誓，亡國之恨，誓死以雪恥。」

他們祕密商議好舉兵抗清的日期，然後舉杯飲酒發誓。

一場誓師大會散會之後，余金聲直接繞到保長林盛家去。兩人在房間裡密談。

「阿盛，我們今天成立了反清復明同盟會，要完成恢復明室的大志。」余金聲壓低聲音說。「這樣有意義的事，我要你也一起來為反清大業努力。」

林盛愣了一下，臉上表情有些驚嚇，也有一點猶豫，他想了想，然後慢條斯理的問：

「哪一天？什麼時候？」

余金聲惟恐洩露機密，壓著聲音咬著耳朵在交談。

「阿盛，我們是一起長大的，這樣的大事，我們要一起參與。」余金聲激動的握著林盛的手邀他參加起義。

「當然，這樣有意義的大事，怎麼可以少了我呢？我也會幫著尋找有志之士出來參與的。」

兩人繼續就反清行動的細節進行研究，一直到半夜，余金聲才踩著夜色回家。林盛在床上輾轉難眠：圖謀造反是要被槍斃的，他有家，有妻有兒的，這些年日子也還過得去，一定要去淌這個渾水嗎？萬一舉事失敗……林盛翻了個身，心中做好了決定。

第二天一大早，林盛躲躲閃閃、鬼鬼祟祟的往衙門走去。

到了舉事那天傍晚，正當吳球、朱祐龍等人在分配槍械、刀斧等武器時，忽然被大批的清軍團團圍困。為了殺出重圍，吳球等數十人與清軍展開了一場血戰。結果勢孤力弱、寡不敵眾，吳球等為首的七人，都被逮捕了，只有朱祐龍趁亂逃入山中，行蹤成謎。

反清的大業尚未成功，壯士身已先卒，吳球等人全都被判了死刑。

「舉國人思漢，同心為國謀，孤忠存海嶠，首義有吳球。」

※※※※※※※※※※※※※※※※※※

吳球事件過後，有許多人繼承了吳球反清的行動，因此諸羅地區陸陸續續發生了十多起的民變事件。

諸羅縣接二連三發生了數十起的民變，起因是諸羅知縣因聽說黑水溝之險惡，擔心充滿瘴氣的台灣會造成水土不服，而不敢到台灣，只派一名巡檢官管理縣治，對上則呈報台灣一片太平。這個巡檢官平日不務政事，只管收受賄賂，強徵賦稅，力圖私利，所以即使清廷據台已十餘年，仍有眾多壯士勇於向清廷遍布的軍力挑戰。

曾經擔任莊管事（莊主）的諸羅縣民劉卻，精於拳術，為人慷慨重義氣，又胸懷民族大義，自明滅亡後，經

- 知縣：府州的下級單位是「縣」，最高的行政長官就叫做「知縣」。
- 巡檢官：派駐在市鎮關隘或偏遠地區，執行巡邏州邑、擒捕盜賊的工作，以維持治安，負責人就是巡檢官。
- 「諸羅」指的是今日的嘉義。

常以反清復明為宗旨，結交了許多豪傑志士，以儲備戰力。就連附近各路的英雄好漢也都服從他的俠義，與他結拜為兄弟。

幾年之後，劉卻的聲名遠播，凡是住在台灣南部的人，沒有人不知道諸羅劉卻的。許多有志於反清復明的人，紛紛投靠劉卻，與他密謀起事，想貢獻一己之力尋找復國的生機。因此諸羅地區逐漸發展出一股令人難以想像的龐大勢力。

劉卻個性沈穩謹慎，一直等待較成熟的機會，希望能一戰而定江山。但是，黨中有許多人沈不住氣，恨不得能立刻挺身推翻滿清。

「劉大哥，我們還在等什麼呢？」有人提出質疑。

「請你立刻領導我們去打敗滿清政府。」有人附和。

「別急，時候還沒到。等時機成熟了，成功的機率就愈大，時機不對，只會白白的犧牲我們的夥伴而已！」劉卻回答。「你們回去吧！時機成熟了自然會通知你們。」

一群人沮喪的離開了劉卻家。

「劉大哥不會是貪生怕死吧！」

「劉大哥不是這樣的人，他只是考慮得太多了。」

「我有一個辦法可以試試。我們在劉大哥家屋頂燒樟腦粉，然後告訴他……也許可以讓劉大哥馬上起事。」

幾個人時而交頭接耳，時而哈哈大笑的商量著什麼。

到了晚上深夜，劉卻家中的瓦頂上忽然冒出熊熊的火光。劉卻看到這樣的異象，吃驚得不得了。「又不是失火，這到底是怎麼回事啊？」

一位長者走到劉卻身邊對他說：「這可是一種吉祥的徵兆哇！」

「我看這是將帥要起身的吉兆。」另一位長者說。

劉卻聽得心中大喜，信心忽然填滿胸懷，這也許是時候到了。於是劉卻開始積極的策畫武力剿清行動，也開始祕密製造武器及炸藥。

在清康熙四十年（西元一七〇一年）十二月，一切準備就緒後，遍召同黨舉兵抗清，第一戰就攻下諸羅縣下加冬營（今台南後壁鄉），又乘勝夜襲茅港尾（今台南下營鄉），清兵潰不成軍，清朝官吏聞風紛紛逃逸。附近的原住民部落趁亂混入戰局打劫行搶，劉卻只好集中軍力以急水溪做為堅守的據點。

第五天，清廷眼見劉卻聲勢浩大，便指派北路參將白通隆，率領大批清軍前往救援。清兵與劉卻兩軍決戰於急水溪，這時兩軍局勢出現大逆轉，清軍的軍隊忽然間比劉卻的多出了好幾倍，兩軍在急水溪對抗了好一陣子，劉卻的軍隊漸漸的露出敗象，劉卻眼見義軍死傷慘重，如果硬撐下去，只會犧牲更多的夥伴。他只好大聲的下令：

「撤退！撤退！」

大夥兒聽到口令之後，各自逃開，劉卻和幾個幹部也逃到山區裡去了。

劉卻等人躲進山區，養精蓄銳的準備另起爐灶，他們積極的和離散的夥伴們取得了聯繫，經常聚在笨港（北港）密謀起事。第一次的失敗激發了他們更高昂的鬥志。

兩年後，時機逐漸成熟，舉事的前一天，劉卻和幾個幹部到笨港秀水莊洽談武器的事，絲毫沒有察覺到大批的清兵沿路喬裝，尾隨在後，到了秀水莊後，清兵一擁而上……。

劉卻永遠也不會知道，到底是誰告的密……

•西元一七〇三年（康熙四十二年）二月，劉卻被捕身亡。

王世傑開墾竹塹

新竹舊稱「竹塹」，一六八三年第一位開墾的人是福建來的王世傑，他還在這個地方蓋了一座「開台福地」的土地公廟，日後新竹地區的土地公廟都稱爲福地。

福建泉州府同安縣的一個村莊裡，有一戶王姓人家，今天家裡庭院裡聚集了一百多人，氣氛喧騰，熱鬧非凡。

「墾田令終於拿到了，這回我們可以到台灣大展身手了。」王世傑拿著剛取得的墾田令向屋裡的親族們展示。屋裡的人對眼前這位年輕人似乎頗為尊重，他們將因為他手上的那張墾田令，獲得到台灣開創新天地的機會。

竹塹的地理位置。

・明永曆三十六年，北番作亂，竹塹社的番人起而響應，鄭克塽才派陳緯征討。

曾經擔任運糧官的王世傑，當年曾隨鄭克塽部將陳緯征討作亂的原住民，可是陳緯的軍隊卻連連吃了敗仗，幸虧熟悉戰略的王世傑即時獻上策略而平定了番亂。鄭克塽戰後論功行賞，把竹塹社（現今新竹市及其近郊）的土地賜給了王世傑，讓他去開墾。

王世傑於是邀來了百十位的泉州鄉親，準備渡海到台灣拓墾。

「我聽說，鄭成功曾經把竹塹這個地方作為貶放罪犯的地方，我猜想，竹塹可能是個充滿瘴癘的地方，是不是啊？」有位鄉親一臉疑惑的說。

「沒錯，竹塹是一個終年霧氣瀰漫的地方，那是因為沒被開發過，我相信只要有人的地方，任何艱難的環境都可以被克服的，我一個人的力量太單薄了，集合大家的力量到台灣去，全力打拼，一定會開創一個新的局面來的。」王世傑聲音宏亮的說著他的理想。

「世傑呀！聽人家說，台灣住著很多很凶悍的番人，很多移民都慘遭殺害，是不是真的？」王世傑的伯父想求證他聽來的消息。

「生命本來就是在冒險嘛，這麼多的戰爭下來，我們還活著呢！這裡的生活太苦了，我很願意到台灣尋找新的機會。」表親李遠搶著說。

「嗯，台灣是有著這麼一群原住民，他們之所以會殺害漢人，一方面是因為他們有祭人頭的古老習俗，另一方面是因為偷渡的移民太多了，移民侵占了原住民的土地，

●新竹地區的原住民屬於賽夏族。

•當年的竹塹社以後稱爲舊社，位於現今新竹北門外湳仔一帶，舊社的名稱仍沿用至今。

才會發生那麼多起的殘殺。你們放心，到台灣之後，我有對付原住民的方法。」

「很重要的一點，我們這回到台灣所要開墾的地，是合法取得，我們不需要和原住民爭地，這是我們最基本的保障呢！」

一場移民台灣的行前說明會結束之後，王世傑終於取得這百餘位泉州鄉親的信任，已決定跟隨他到台灣去奮鬥。

在辦妥所有手續，取得渡台路證之後，王世傑帶著鄉親橫越台灣海峽抵達台南鹿耳門，再步行到竹塹社。剛到達這片荒蕪之地，他們斬茅草造屋，引渡水源到聚落，一個村落的雛形，就在他們齊心協力之下成形了。

王世傑緊接著帶著他買來的幾頭牛，去拜訪原居住於竹塹社的原住民部落頭目，想先建立一種友善的鄰里關係。

竹塹是一片連鋤頭都沒碰觸過的土地，不僅荊棘遍地，鹿群更經常在草原上出沒，除了要驅趕鹿之外，還得與凶悍的猿猴對抗，有時不小心還會被抓傷或咬傷呢！開墾的歲月尤其辛苦。

離鄉背井，加上墾田歲月的艱辛困苦，移民們因為心靈與精神無處寄託，體內積壓著憂鬱與焦躁的情緒，以至於彼此之間，動輒為了一些芝麻蒜皮般的小事而大打出手。王世傑於是又著手蓋了一座土地公廟，完工之後，他在土地公廟的橫眉上寫了「開台福地」四個字。這間土地

•寫著「開台福地」的土地公廟，位於現今的新竹東城門外。

公廟，成為移民們的精神信仰中心。

由於移民漢人與原住民之間，大大小小的糾紛與打鬥，甚至互相殘殺的事件仍然層出不窮，王世傑於是與當地原住民協商。

「如果你們願意撤離竹塹社，我們每年會送牛、送羊、送酒給你們。」王世傑對頭目提出條件。

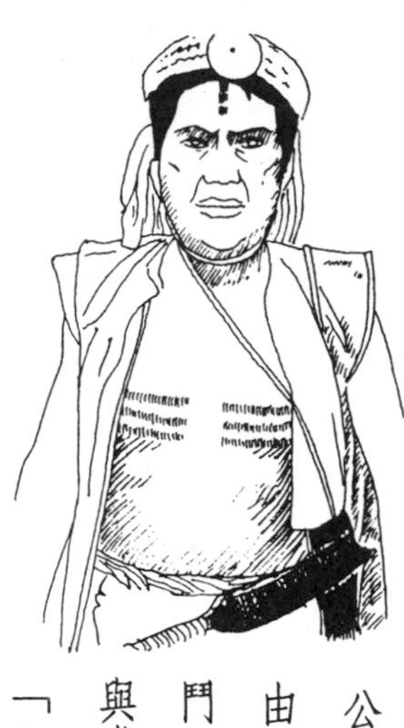

•賽夏族勇士。

善於狩獵的原住民，對於土地的經營一向缺乏概念，於是欣然接受王世傑提出的條件。他們渡過頭前溪遷到對岸竹北鄉的新社去了。

王世傑和其他的佃農先開墾原住民留下的耕地，同心協力的造水道開水渠，以便有足夠的水源灌溉農作。結果第一次的收成，是個大豐收，消息傳回福建泉州，因此吸引了更多的人參與竹塹墾田的行列。漸漸的，王所開墾的田地，從新竹東門大街延伸至暗仔街，以及從西門大街至外棘腳一帶，範圍已廣達數百甲。

王世傑仍然每年給還移到頭前溪對岸的原住民部落，送牛、送酒等等，原住民眼見漢人聚落勢力逐漸擴大，自己的力量愈來愈薄弱，抗拒的行動就愈來愈少了。因此，王世傑的墾田工作也愈發的順利與發達。到了清康熙五十餘年（西元一七一一年），已開墾濱海之地達數千甲，結社二十四個，向南開墾的土地也有十三社，儼然成為一方之雄。

• 黥額頭和下巴的賽夏族。

王列是王世傑的族人，當他自泉州來到竹塹，王世傑給了他一些苧麻的種子，還提供了資本，要他種苧麻，並告訴他，這種植物的莖的纖維，可以搓繩，也可以織布，是很可以開發的經濟產物。王列投下了人力及財力，大面積的栽種苧麻，果然為竹塹地區帶來新的產業，更讓竹塹成為產苧最盛的地區。

經過數十年的奮鬥，王世傑赤手空拳，以墾田起家，又與原住民通商，終於事業有成，很受新竹地區人民的敬重。可是，王世傑去逝之後，兒子不和睦，分產而居，家道因此逐漸中落。但，王世傑對於新竹地區的開發與貢獻，居功厥偉，卻是後人在感念先人拓荒精神時，最常被提起的人物。

陳賴章開墾大佳臘

台北總統府前有條「凱達格蘭」大道，在北部地區未開發前，這兒原是原住民凱達格蘭族人的地方，一七〇九年泉州人合組「陳賴章」墾號，在這裡逐步的建設。

凱達格蘭族人原來世世代代都居住在「沙那塞」這個地方。可是現在的「沙那塞」已經無法居住了，因為這裡不僅開始流行可怕的瘟疫，還有人在深夜的時候，看見妖魔在夜遊：凱達格蘭族人都認為，瘟疫的病菌是妖魔帶來的，妖魔們正準備侵占他們的領土。當愈來愈多的族人死於瘟疫之後，酋長就愈覺得這是塊不祥的土地。為了讓族人過更好的生活，就必須離開「沙那塞」。

•大佳臘，又稱爲「大加納堡」，以基隆河、新店溪來畫分，包括現在台北市及台北縣大部分的地區。

•最近，在台北縣核四廠預定地挖到凱達格蘭族的文化遺跡。

酋長開始命令族人們製造獨木舟，因為他要全族的人都遷往別處避居，這樣才能躲過這場災難。

於是凱達格蘭族的酋長領著他的族人，駕著獨木舟，離開了沙那塞，準備去尋找新的天地，重建部落。

經過數十天的飄泊，他們在台灣北部的海岸登陸，經過一番勘察之後，他們選了三貂角的地方定居。而且把他們新的部落取名為基瓦諾彎社。

這個盆地大都是沼澤與叢莽，凱達格蘭族人開始建屋墾地，與世無爭的過著樸實的漁獵生活。

再經過數十年，凱達格蘭族的人口逐漸膨脹，就漸漸的將居住的面積擴展到台北盆地以及鄰近地區，以便安置日漸增加的人口。於是，台灣西部桃園以北、東部三貂角以東的北部台灣，都散居著凱達格蘭族人。

又經過了好多年，凱達格蘭族人的生活，忽然有了一些變化。有一天，有好多綁辮子穿官服的人來到部落，告訴他們：

「你們現在耕作的土地都是我們的，可是為了彼此間的和平，這些土地還是屬於凱達格蘭族人的。以後會有漢人來這裡開墾，你們可以把土地租給他們，然後你們會獲得土地所帶給你們的利益。」

凱達格蘭族人原先真是聽得一頭霧水，自己耕作多年的土地，怎麼會是他們的，他們又把土地送給我們？後來經懂番語的人溝通講解之後，他們才了解，原來是因為戰爭的緣故。

・此次戰爭指的是鄭克塽降清之事，台灣於西元一六八四年正式納入清朝版圖。

・當時的原住民都有黥面、紋身、斷齒的習俗，而且都愛喝酒、嚼檳榔。

清康熙四十八年（西元一七〇九年），福建省泉州人合組「陳賴章」墾號來到台灣北部，查看拓墾情形。他們發現，台北地區荆棘滿目，叢林蒼鬱。又碰上河水氾濫，台北除了一片汪洋之外，就只有幾個原住民部落而已。這些原住民自稱凱達格蘭族。「陳賴章」墾號是由陳憲伯、陳逢春、賴永和、戴天樞、陳天章五人合組。他們發現這裡的男子穿耳洞戴耳飾，約十五歲左右的女子都有斷齒（斷脣邊左右各一顆）的習俗，一般人手背和腳背上都刺有墨綠色的紋路。

參與開墾的人還發現，這些原住民們駕馭獨木舟有著獨特的本事呢！除此之外，他們長年住在這裡，與外界並沒有接觸，所以他們的知識不廣，知道的事情也不多。

當地的原住民以種番薯以及捕魚狩獵為生。開墾者以前聽說原住民有殺人的嗜好，所以戰戰兢兢抱著一堆布匹，準備和原住民作為交換。沒想到，他們所碰到的原住民個個態度和善，讓他們鬆了一大口氣。後來他們聽說，是因為時逢春天，原住民剛播種落地，這時候是禁止殺人的；等農作收成之後，人們會插竹竿在路邊，那時候就會逢人就殺了。

於是，陳憲伯等人安心的去拜訪基瓦諾灣社的酋長。

「這些布先送給你，如果你願意把土地租給我們耕種，下次我會帶更多的布和酒來。」

酋長高興的收下了這分見面禮，也允諾會把土地租給他們。

•清朝初年，移民入台開墾，須向官府申請、領照，稱爲墾照。

經過審慎的勘察後，他們決定向官方申請頒發墾照，以便招佃開墾，從事台北地區的墾殖。

陳憲伯等五人獲准在淡水大佳臘的一塊約五十餘甲的荒埔地開墾，這塊地東到雷里、秀朗（永和），西到八里分（八里）、干脰外（關渡、北投），南到興直山腳內（觀音山），北則到達大浪泵溝（台北市大同區）。

自「陳賴章」申請頒發的墾照獲准之後，他們就開始招佃農從事開墾，來的佃農大部分也是泉州人。

因曾與原住民有過接觸，了解原住民樸拙的個性，於是，陳憲伯等人帶著酒、肉、布匹、鹽、糖等民生用品，來到基瓦諾灣社，再度拜訪該社的酋長。這次的拜訪，讓「陳賴章」墾號取得了圭泵社的大加堡的土地。

從其他地區擁進台北盆地的移民，也都跟著效法「陳賴章」的做法，用酒、肉、布匹等東西，和原住民租用土地，而這些出租的土地，老實的凱達格蘭族人，卻沒有再收回來過。

由於原住民對土地並沒有充分的利用，所以台北地區當年還屬於蠻煙瘴雨之地，開墾之初，備嘗艱辛。只要身體受了傷，就會招來成群的蒼蠅，飛繞在身邊，吸吮移民們的血液，怎麼揮也揮不走。疾病更是經常侵略這群離鄉背井的拓墾農民。

「陳賴章」漸漸的將拓墾區域，擴展到新莊，然後又伸延到萬華。

當與日俱增的漢人逐漸占領台北盆地，一切呈現欣欣

•台北盆地。

•當年的凱達格蘭族已有煉鐵廠、燒陶的技術等。

向榮的景象時，凱達格蘭族人的土地也因此漸漸的被漢人換光了。換了主人的土地，依然在春、夏、秋、冬四個季節裡，長出不同的綠色作物。而他們用土地換回來的酒、肉、布匹等東西，早就已經化為烏有了。在漢人逐漸盤據了他們居住的領土，讓他們完全失去了生養他們的土地之後，凱達格蘭族人又再次的面臨遷徙的命運。

他們一批批的往山區遷移，或者被後來的漢人同化、通婚，在台北盆地上，有許多漢人身上也流著他們族人的血液。也許有人記得曾經的凱達格蘭族，也許對他們的印象，被接下來的繁榮給淹沒了。而台北盆地的移民愈來愈多，從一個小村落、一個小村落的逐漸發展成一個市街，奠定了今天繁榮的基礎。

施世榜開鑿彰化八堡渠

彰化地區的農田灌溉能夠如此便利，是因爲一七一九年施世榜與林先生建圳的結果，而他們以桀籐設籠土方法，引導溪流進入水道的方式，至今仍沿用在台灣各地的埤、圳、堰、堤。

三百年前的彰化，還只是一片雜草叢生，且山豬、野鹿出沒無常的大草原，草原上居住著以打獵為生的平埔族人。

清朝初年（西元一六八三年），台灣納入中國版圖，康熙皇帝派了多位官員前來經營台灣，其中一位就是當時擔任司馬指揮官的施世榜。

• 司馬指揮官：管理軍事的官員。

• 西元一六八六年（康熙二十五年），施世榜開始召集衆人興建水利。

曾經當過拔貢生的施世榜，不僅在文學上具有極高的修養，為人也樂善好施，經常幫助窮人，及幫別人解決困難，很得鄉親的敬重。

這次派往台灣，施世榜也懷抱著成就大事業的胸懷，期望能盡力為台灣人民做些什麼。

施世榜抵達彰化，發現彰化的農務蕭條，寬廣的大草原竟然任其荒蕪，讓雜草、藤蔓霸占著這塊肥沃的土地，讓滾滾奔流的虎尾溪（現在的濁水溪），也只是彰化的過客，地未盡其利，實在可惜呀！

施世榜心想，如果能引用虎尾溪的水流來栽種農作、灌溉農田，那麼，數萬公頃的旱地，不就能成為肥沃的良田了嗎？於是，施世榜開始規畫如何開鑿水道的計畫，有

•水車汲水。

•拔貢生：科舉時代，因學問、操守優秀，不須經過地方考試由地方長官選拔，直接參加中央考試或是進入國家最高學府「太學」唸書的人稱為貢生。「拔貢生」是清代每隔十二年，由省選拔優良學生直接參加中央考試的人。

了初步的雛形之後，施世榜召集了地方人士，說明農田開發以及開鑿水道的計畫，沒想到計畫才一提出，就得到了地方富紳及鄉民的支持，並馬上允諾提供人力及財力的支援，施世榜發覺，原來大家對興建水利以利農田開發早有著深切的期待，他得放手一搏，以免辜負了當地人對他的期望。

在大家出錢出力、同心協力之下，開鑿水道的工程循序漸進的進行著。經過了十年的努力，水道終於完成了。可是，卻無法成功的將水流導入水道，施世榜緊蹙雙眉，反覆思考著同樣一個問題：為什麼水流無法經過水道，然後流入大草原呢？

為了不讓這十年所投注的心血與努力化為烏有，也為

•清代工匠。

•編簾籠的情況。

了不讓彰化鄉親的期待落空，施世榜想到了一個「廣招賢才」的方法，他四處張貼公告，提供白銀千兩獎勵可使水道疏通之人。

第二天，陸陸續續有人登門求見施世榜，他們帶來許多的方法與建議，也有人受了重金的利誘，而亂出點子，施世榜始終誠心誠意的接待每位求見者，為了不錯失任何一個可能成功的機會，他一個一個的嘗試，可是，最後的結果是所有的建議，無一可行。

就在施世榜連最後一點信心都要被毀滅的時候，有位老先生來求見施世榜。他語氣懇切的對施世榜說：「聽說施先生正在興建水利，這是非常有意義的一件事，現在發生了困難，我願意幫助先生完成這項工程。」

施世榜見眼前這位老人家，雖然白髮蒼蒼，但身手卻顯穩健，尤其是他眼神所投射出來的自信的光芒，著實讓施世榜心中重燃信心，欣喜之餘，趕緊詢問老先生的大名，未料，老先生卻在朗朗可笑間閃避了這個問題，經施世榜一再懇問，老先生才緩緩的說：

「我是來幫助你完成水利的興建的，姓名只是一個符號而已，如果你一定要有個稱呼，那就叫我林先生吧！」

林先生說完，連忙要求施世榜帶他去勘察地形，他觀察完大圳的施工狀況後，隨即取來紙筆，畫下大圳的地形，就原來建好的水道提出修正的方法：

「那個山丘太高了，水流不上來，得把高地剷平才行；這個地勢太低了，水流到這裡只好在原地迴旋停滯，

•施世榜所建的八堡圳。

•彰化的位置。

流不出去，應該要填平它；那段水流太急了，要先疏導水流，讓它緩和一點；那邊的水道又太狹窄了，要先拓寬水流才能暢通。」

林先生不僅繪圖說明，還親自指導工程的改建。林先生用藤條紮成一個個圓錐形的籠子，在籠內放置石塊，然後將藤籠一個接一個置於河道中，以此引導溪水流入河道中。施世榜也全力的配合著林先生的指示施工，花了兩個月的工夫，水道終於暢行無阻的將虎尾溪的溪水引到大草原上。

當時，彰化縣下有十三堡半的田畝，這條大圳卻足足灌溉了八堡，充分的發揮了大圳的水利功能，自那時候開始，彰化逐漸成為一個富饒的農業區。

當地農民為了感念施世榜促成這條攸關人民生計的大圳的完成，特別把這條大圳取名為「施厝圳」。後來，又有人稱它為「八堡圳」。

八堡圳竣工的時候，施世榜設宴慶祝，他恭請林先生參加宴會，想當地方鄉紳的面褒揚這位大功臣，並備妥白銀千兩準備實現當初的承諾。

未料，林先生拒絕了這分厚禮，他說：

「你花了十年的歲月興建水道，我只是後來提供了一些建議罷了，我怎麼也不敢居功，這分厚禮，我更是無法收下了。大圳已成，百姓得以幸福，這就夠了。」林先生說完，轉身跨出門外，一溜煙就不見了人影。

地方鄉親為了感謝林先生的恩德，特在虎尾溪進入二

•西元一七一九年，施厝圳（又稱八堡圳）完工，爲清代台灣最大的水利工程。

水的分水閘旁，興建了一座林先生廟，用來奉祀他。

現今彰化縣鹿港鎮的天后宮裡，廟正殿右邊廂房裡有一個廳，廳裡供奉著施世榜的牌位，廳內的牆壁上，已把施世榜當年開鑿八堡渠的經過寫得清清楚楚。許多遊客來到鹿港古鎮，一定不會忘記參觀具有三百年歷史的天后宮。可是，這個攸關彰化開拓史的小廂房，以及施世榜這個開發的大功臣，卻經常被遊客給遺忘了。如果施世榜地下有知，可能也會覺得有點兒遺憾呢！

朱一貴舉事抗暴

清廷治台期間，由於貪官斂財，百姓生活困苦，許多「反清復明」的活動在各地醞釀著。一七二一年朱一貴事件是當時重要的一場戰役。

朱一貴坐在溪邊，手上握著一根細棍，不時的撥弄著溪水。鴨群三五成群的散落在溪裡戲水，或在岸上晒著陽光。「呱呱」之聲，此起彼落。

「阿貴，阿貴。」李勇遠遠的跑來，對著朱一貴猛揮手。

朱一貴站起身：「嗨，李勇，怎麼有空過來？」

•據估計，自康熙至光緒的二百年間，台灣的大小反清事件，約有四十次。

李勇氣喘噓噓的說：「我帶了……帶了一些人想給你認識，他們現在在你家等著呢！」

朱一貴馬上叫來在對岸清理鴨寮的小弟，囑咐他看管鴨群，然後他走近鴨群，手腳俐落的抓了一隻肥鴨，和李勇一路走回家。

回到家，一貴發現吳外、羅道生、黃殿、鄭定瑞這些老朋友都來了，還有三位陌生的面孔，李勇一一的為一貴介紹。一貴馬上請家人宰鴨煮酒，好款待客人。他的母親默默的接過鴨子，走進廚房，她早已習慣兒子古道熱腸的個性，這些年他一邊養鴨子，一邊結交明末遺民，甚至是一些草莽英雄、僧侶劍客，他也會把他們帶回家中款待，暢談國仇家恨。

他看到一身重傷的阿全痛苦的坐在角落裡。「你是和誰打架?怎麼被揍成這樣子。」

「他因為繳不出稅金，被清兵逮捕打得半死才放他回來。」李勇忙著替說不出話來的阿全說著。

「實在太可惡了，去年的大地震，大家的損失都這麼慘重，沒有賑災也就算了，還對我們徵收這麼重的稅，真是沒天良。」吳外氣憤的說。

「最可恨的是台灣知府王珍，他竟然內舉不避親，直接派他兒子擔任鳳山縣令，還放任他兒子魚肉鄉民。」

「這些官吏都是三年一任，他們當然要在這三年撈到足夠的錢才會滿意。」

「一甲土地徵收八擔八斗，就好比一隻牛剝兩層皮，

•當時，抗清的武裝活動，被清廷稱爲「民變」。

•當年被派駐來台的清軍，一不擦槍、二不出操，有人還甚至合夥做生意，所以一有「民變」發生，就無法戰鬥、潰不成軍。

・一七二〇年（康熙五十九年）冬天，台灣地區發生大地震，許多人失業、無家可歸，於是謠言四起，人心更不安。

繳了稅我們什麼也沒有了嘛！又限制我們入山伐竹尋找新的生路，又不准我們這樣那樣，這樣腐敗的政府，阿貴，這是官逼民反，我們不能再這樣受清廷擺布了。」鄭定瑞激動的站了起來。

沈默許久的一貴忽然舉起酒杯，將酒一飲而盡：「我想時候是到了，我姓朱，如果我以明朝後裔的身分來號召鄉里，你們覺得怎麼樣？」

一貴說出了大家哽在喉頭的話了。李勇站起身激動的說：「我第一個加入。」

接著，吳外、鄭定瑞……都表態要參與中興復國的大業。幾個青年熱血沸騰的談論著舉事抗暴的計畫，並於當日分別就分配下來的工作進行籌備。

康熙六十年（西元一七二一年）四月十九日，包括李勇、吳外、鄭定瑞等共五十二個幹部，率領了百餘人聚集在黃殿家，他們一致擁戴朱一貴為盟主，他們剪掉辮子，留起明髮，焚書結盟。當他們揚起寫著「大元帥朱」的紅旗時，讓處在暴政之下的百姓們熱血沸騰，幾個小時之間，就有一千多人願意加入反清大業的行列。

朱一貴在四月十九日的夜晚，首先在岡山拿下了第一場勝利，並得到清軍的大批武器，第一場勝戰讓更多的人響應這次的行動。當攻城的消息傳進府衙時，台灣總兵歐陽凱立刻派周應龍率領四百名清兵前去支援，可是周應龍的部下把總張文學被朱一貴打敗，留下大批武器落荒而逃。朱一貴乘勝攻占大湖。清廷眼見失去了大湖，立即動員了新港、目加溜灣、銷甓、麻豆等部落的原住民前去圍剿。這些原住民沿途任意的搶劫殺人，引起漢人極度的不滿，紛紛起來響應朱一貴。

這時，住在下淡水溪檳榔林的客家人杜英君，也率領了幾百民的義勇軍前來響應。他們愈戰愈勇，二十七日就攻占縣治鳳山，使得鳳山守備馬定國不敵而自殺身亡。

朱一貴和杜英君的人馬已超過了萬人，他們南征北討，愈戰愈勇，起義才三天，台灣全島幾乎就要落入義勇軍手裡了，只剩下淡水地區還沒有攻破。

當義勇軍攻陷府城時，所有住在府城的文武官員，包括台灣知府、王珍、海防同知等人，都駕著小舟逃到澎湖去了。戰敗的清軍也乘著四十幾艘戰船遠走澎湖。朱一貴

•占有府城（台南）後，朱一貴下令，可以開始留髮、穿明朝的衣服，但嚴禁燒、殺、擄、掠的事情，因此深得民心。

•台灣府城大南門，又名寧南門，位於台南市南門路，初建於西元一七二五年。

開啟赤嵌樓，取出鄭成功所存放的槍械武器、火藥及大炮，更加鞏固了他們的作戰能力。

革命開始到結束，只花了七天的工夫，就光復了台灣全島。朱一貴開始下令禁止殺掠百姓，全面安撫居民。

這一切看起來彷彿是江山已定，可是在勝利的背後卻隱藏著一股更洶湧的浪潮。

杜英君向所有的幹部要求，立他的兒子杜會三為王，卻得不到幹部們的支持。幹部們一致擁戴朱一貴為「中興王」，於是朱一貴頭戴通天冠，身穿黃龍袍，設壇祭拜天地、列祖列宗以及延平郡王，他宣布恢復明制，不用薙髮了。朱一貴建國年號為「永和」，表示永遠團結的意思。

登上王位之後，朱一貴冊封各地的民軍領袖，為平台

•朱一貴和杜英君幾乎佔領全台時，來附和他的部眾大約有三十萬人，連小孩子都歡迎他的到來。

•閩南人和客家人一向不和，而朱一貴與杜英君的不合則埋下滅亡的種子。

•施世驃是施琅的兒子。

國公、開台將軍、鎮國將軍等。

杜英君對朱一貴的封功行賞表現出極大的不滿，他故意違反禁令，搶走了七名婦女，作為報復；另外客家籍的士兵強娶閩南婦女，國公洪陣利用職務斂財，都遭朱一貴處斬。杜英君一氣之下，率領同族部屬渡過虎尾溪，駐紮在貓兒干。

朱一貴正想好好的治理台灣，趕走清廷帶來的所有的噩夢時，部屬竟然不遵守紀律，一再挑戰他的耐心，如今曾幫他奪得江山的杜英君也叛離，形成另一股不可輕視的威脅。

另外，清廷接到台灣叛變的消息，馬上派水師提督施世驃以及南澳總鎮兵藍廷珍率領萬餘兵馬，先到澎湖，再抵達鹿耳門，然後以最先進的軍火炮擊安平鎮。朱軍雖然奮力迎戰，卻不敵清軍強大的火力，節節敗退，終於退出府城。鳳山在這個時候也被清軍占領了。

杜英君眼看情勢急轉直下，於是率領部下投降清軍，並加入打擊朱軍的行列，他們掩護清軍，從背後襲擊朱軍。朱一貴的軍隊終於敵不過四面八方來的攻擊，潰不成軍，只好四散奔逃。

朱一貴一路逃亡，他堅信只要留得一口氣在，一定還有反清復明的機會。他拖著疲倦的身體在溪邊的草叢裡走著，他餓得頭昏眼花，再也走不動了。他走進一間木屋，向屋主要一些食物裹腹。屋主一眼就認出他是朱一貴，一方面熱忱的招待他，煮酒與他共飲，把一貴灌醉之後，悄

•朱一貴事件失敗的原因有二：一是內部不合，爭權奪利，給予清軍反攻的機會；二是清軍的戰略高明，應付得宜。

•朱一貴事件是台灣民變史上，唯一占有全台灣的事件。

•西元一七二一年朱一貴起義，高屏一帶客家組義勇民團平亂，後建「忠義祠」於屏東西勢。

悄的用牛車把五花大綁的朱一貴送交給施世驃當禮物。

一貴酒醒之後，清兵告訴他，杜英君父子雖然投降清朝，卻也難逃被處決的命運。他的眾多同志也被押解到北京，而且已經斬首示眾了。一貴聽到那些並肩作戰出生入死的好夥伴，竟然死在異鄉，忍不住的流下淚來。

藍廷珍審訊朱一貴，一貴直挺著身體不肯下跪，藍廷珍命令部屬用力的踹他的膝蓋，直到他無法站立為止，一貴跪伏在地上大聲的對藍廷珍說：「大丈夫要死於忠義，我是明朝的子民，今為明朝捐軀，死而無憾！」

這位養鴨青年，雖然只做了一個多月的中興王，但他的英雄事跡，明朝的百姓惦念他，清廷的官吏忘不掉他。歷史，更為他記上了一筆。

廉潔愛民的陳璸

當有些清朝官吏壓榨人民，讓台灣人民苦不堪言時，清廉愛民的陳璸奉派來台，廢重稅、設學田、重整海防。

平常忙碌嘈雜的港口，今天忽然擁進了百來個民衆，他們對著大海引頸眺望著。當一個小黑點出現在海平面上時，立即引起等候群衆的一陣歡呼。

「到了，到了，那艘船應該就是了。」有人說。

「真的很高興陳璸又被派來台灣了。」

「是啊！他真是個好官，他來了，台灣的百姓就有福

・陳璸曾於一七一〇年（康熙四十九年）平定海盜鄭盡心，對安定台灣民心有很大的幫助。

•一七一〇—一七一八年(康熙四十九年至五十七年),陳璸任台廈道及福建巡撫,全面展開台北平原的拓墾工作。

了。」

「七年前,若不是他及時拿錢給我父親看病,我那老父可能就一病不起了。」

這群民衆趁著等船的空檔,七嘴八舌的談論著七年前也就是康熙四十二年(西元一七〇三年)的時候,陳璸第一次調來台灣的種種事跡。他為人正直,而且清廉刻苦,親民愛民,一點也不像其他專門壓榨台灣百姓的官吏。許多人都曾見過,入夜之後,陳璸會獨自走進街坊,沿街巡視。如果聽到屋裡傳出讀書聲,他會敲門拜訪,然後給予重金獎勵;遇到飲酒高歌,生活頹靡的人,他也會嚴厲的斥責,勸他們戒除這樣不好的習慣。

有一年鬧災荒,糧食短缺,陳璸立刻開穀倉發放賑米，讓大家得以度過這個荒年。因此窮困的民眾都對陳的德政念念不忘。

陳璸所搭乘的船，緩緩的靠岸了，他看見有上百位他所熟悉的臉孔，臉上漾著笑容的朝他揮手，他也揮著手和民眾們打招呼。

「陳大人，歡迎你回來。」群眾們夾道歡迎，讓睽違台灣七年的陳璸，又重新感受台灣人民的熱情。

一身簡樸就任台廈兵備道的陳璸，下船後和迎接的民眾們寒喧，詢問他們的生活，賦稅是否過重？然後就直接趕往辦公的公廳。不顧這幾天的海上巔簸搖晃暈船之苦，立即招來部屬，了解台灣目前的狀況。

陳璸發現施琅曾經奏請清廷設置官田，然後招移民墾植，將這分額外的收入，納入清朝官吏的口袋。陳璸覺得這樣做是不對的，這些官吏為了自身的利益，台灣人民自然就變成了被壓榨的對象。於是，陳璸馬上奏請清廷，廢止官田的收入成為官吏的俸給，而將收入全部歸公。

他的上奏獲准之後，在公費充裕的情況下，陳璸有感於唯有教育能改善人民的素質，可是台灣的讀書風氣不盛，於是陳璸挪出公款興建萬壽宮、修築文廟，還設置了十六個書房，讓民眾有機會接受教育的薰陶，並設置學田，用學田的收入作為人民求學的費用。

陳璸清廉的作風，讓台灣人民更加的欽佩與愛戴他。

這天晚上，陳璸依然在晚飯後外出，他覺得飯後這樣不急不緩的散步，感覺真是好極了，而且這樣還可以和民

•施琅平台後，曾趁鄭氏官員與軍隊遷向內地的空檔，和手下搶占田園。所占之地，約在今天台南縣將軍鄉。

清代婦女赤腳工作模樣。

眾拉進距離，更能了解父老們的疾苦。

陳瓚忽然停下腳步，他彷彿聽到有婦女哭哭啼啼叫喚的聲音。

「阿源，你不要再喝了，你即使醉死了，強盜也不會把貨物還你呀！」

他循聲來到一間頗為氣派的住家門口，再仔細一聽，沒錯，就是這家。陳瓚扣門。沒多久，一位紅腫著雙眼的婦女把門打開。

「陳大人——」婦女哽咽的聲音裡充滿了驚訝。

「我在外面聽到有人的哭聲，我想你們是不是遇到了什麼困難——」陳瓚和溫的探問。

「陳大人快請進。」婦人受寵若驚的趕忙領著陳瓚進入屋內。

陳璸看見男主人喝得醉醺醺，胡言亂語，又哭又笑的坐在地板上。阿源看見陳璸了，他吐著滿嘴的酒氣對陳璸說：

「喲，陳大人真是稀客呀！你是不是要告訴我海盜跑掉了，根本就抓不到……」

「阿源，你不可以對陳大人這麼無禮啦！」婦女用全身的力量拉著阿源，然後轉身對陳璸說：「真是對不起，阿源昨天剛從廈門運貨回來，卻在海上遇到海盜，他們搶走所有的貨物和錢財，我們所有的投資都付之一炬了。」

「政府無能嘛！放出那麼多的海盜……」阿源在一旁發著酒瘋。

‧當時，台灣只開放鹿耳門與大陸的廈門通航。

陳瓆明白了：「載了哪些貨呢？」

「是一些棉花、棉布還有綢緞和藥草。」婦人說。

「現在生活有困難嗎？」

婦女沈默著，眼淚一顆顆的滾了下來。陳瓆掏出身上的錢，塞在婦人手上。

「陳大人——這怎麼可以——」婦人推辭著。

「百姓的身家財產安全是我的責任，阿源今天被海盜洗劫，是我的疏忽，我會拿出對策來對付這些海盜的。這些你先留著家用，等阿源酒醒之後，請他到公廳找我，我有事與他商議。」陳瓆說完話就辭身告退了。

隔了幾天，陳瓆在公廳裡草擬奏書，隨從進來稟報，有個叫林東源的人求見。

「你來啦！我等了你好些天了呢！」陳璸起身迎上前去，親切的招呼著。

阿源一臉愧疚的頻頻向陳璸鞠躬道歉：「陳大人，很抱歉，那天酒喝多了，胡言亂語的，請您千萬別怪罪才好。」

「哈哈，沒關係啦！也因為這樣，我才能發現現在的海盜居然這麼猖獗。你現在有什麼打算沒有？」陳璸問。

「也許……也許跟錢莊借些資金，捲土重來……還在考慮，因為錢莊的利息……」

陳璸拿出一個紙袋，交給阿源：「這是我私人借給你的，不用一毛利息，你好好的利用，等賺了錢再還我。」

「陳大人——」阿源的視線模糊了，他不曉得該說些

．爲防止海盜的侵擾，陳瑸於一七一八年（康熙五十七年），請求設立「淡水營」，派兵駐守淡水附近，於是淡水河沿岸也陸續開發完成。

什麼。

「好了，就這樣，你先回去，我還有事忙著呢！」

阿源走後，陳瑸伏在桌前，寫著奏章：

「防海賊與防山賊的方法是不同的，山賊有聚落可剿，海寇卻是出沒無常。而台灣、金門、廈門的海防又與沿海有所不同，因為沿海之患，是在突擊內地；而台灣、廈門之患，卻是在汪洋大海中，清兵勢力未及的地方，海寇得已橫行霸道。要預防台、廈商船之安危，商船不宜零星放行，無論廈去台來，須等候風信，然後齊放二、三十艘出港，台、廈兩地各撥巡邏船三、四艘護送。商船二、三十艘同時出港，官方應點明數量，取得連環保結，遇海賊則相互支援，如有疏失，以通賊論。」

•陳璸擔任台廈道及福建巡撫期間，對北台灣的開發及海防的設立，有很大的貢獻。

當這分奏言獲准實行時，陳璸的部屬面有難色，認為太煩瑣了，有進行上的困難。

「上頭也表示這樣是對的，所以不管有再大的困難，都得要克服。」陳璸堅定的說。

這項海防措施實行之後，往來台、廈的商船，的確獲得了安全上的保障。

為了感念陳璸的恩德，在他還在世的時候，人民特別集資為他塑像，供奉在文昌祠。每年到了陳璸誕辰的那一天，民眾都會張燈結彩，請來鼓樂，為陳璸祝壽。

康熙五十七年十月的一個夜裡，陳璸街頭巡視回來，在燈下閱讀，覺得兩眼酸疼，就趴在桌上略作休息，從此就沒有再醒來。

台灣人民痛失這樣清廉愛民的好官，個個哭腫了雙眼，忍著悲痛，將陳璸入祀名宦祠，供後人追思。

•清代官員圖。

清廷的土牛溝政策

封山、禁墾的政策，在清朝統治台灣的兩百多年裡，禁止、放寬、禁止又放寬，如此反反覆覆重演了一百九十年。

經歷了朱一貴事件之後，清朝政府損兵折將，元氣大傷，有些官員開始有了焦慮的現象。他們擔心是否又有個反清的組織，在某一個不易察覺的角落，慢慢的茁壯、成長，等時機成熟了，又發動一個迅雷不及掩耳的攻勢，讓他們疲於奔命，還有可能因此而喪命呢！

閩浙總督覺羅滿保思索著朱一貴事件帶給整個社會的

• 閩浙總督：負責視察、管理一至三個省的軍政、民政的首長叫做「總督」。閩浙總督就是管理福建省與浙江省的首長。

震盪。

「一定有什麼法子可以預防這樣的狀況。」覺羅滿保拍著自己的額頭苦思。「要預防就得先查出這群叛動分子的藏身之處，然後先聲奪人。」

「最好的藏身之處是哪裡呢？」

「啊！對了，山林，山林是最好的藏身之處了。」覺羅滿保興奮的跳起來，但隨即他又憂慮起來。「如果反清叛徒跑到深山裡和原住民勾結——原住民族個個勇猛善戰，如果他們一起合作叛變，後果一定不堪設想，天哪！我絕不會讓這種事發生的。」

「如果把整個山區給隔離封鎖起來，就可以阻止這些反清叛徒跑到高山峻嶺和原住民接觸了。」

•根據一七二〇年（康熙五十九年，朱一貴事件的前一年）的統計，台灣已開發的田園，以南部爲多，中部和北部只是零星的墾種，大部分的地區仍爲原住民居住的山林。

•早在西元一七〇四年，清廷就曾下令，須先得到官府的批准，才能開墾番地。

於是覺羅滿保提出了「遷民畫界」的隔離政策。他一方面以限制移民侵占原住民土地拓墾與定居為藉口，一方面又以防止原住民與漢人之間的摩擦衝突為理由，開始在原住民部落與平地的界線上，挖起一道足以讓人摔斷腿的溝塹，他們稱這道溝塹為「土紅線」，也有人稱它為土牛溝。

平地和山區以十里為界，嚴格規定違反禁令偷入山者，打一百大板，然後流放三年。移民如果私下購買原住民的土地，以盜墾罪論處，清廷並立即收回土地還給原住民；另外，強行越過土牛溝的人，也以盜賊罪論處。

清廷還在沿山險要的地方，設置隘寮，派有隘丁駐守，謹防圖謀不軌之徒潛入山林。

這天，清廷在羅漢門、檳榔林、琅璚等幾個村落，各放了一把火，霎時，以茅草與木頭搭蓋的房舍，一下子就燒了起來，旁邊圍觀了數十名的村民，他們眼睜睜的看著火焰高高的在家園上空，以一種勝利的姿態舞動著。

林清泉和林賢俊遠遠的看著自己辛苦建立起來的家園，正一寸寸的被熊熊的火焰吞噬，悲恨交加的將眼淚往肚裡吞。但他們莫可奈何，也無力反擊。

自從朱一貴事件之後，他們就沒有過過一天的好日子，因為清廷方面尤其痛恨羅漢門、檳榔林、琅璚等當初朱一貴起事的地方，他們稱這些地方為「極邊藏奸所」，毫無道理的將一肚子的怨氣，遷怒在這些善良的移民身上，不僅燒燬他們的住屋，更將他們驅離，強迫他們放棄

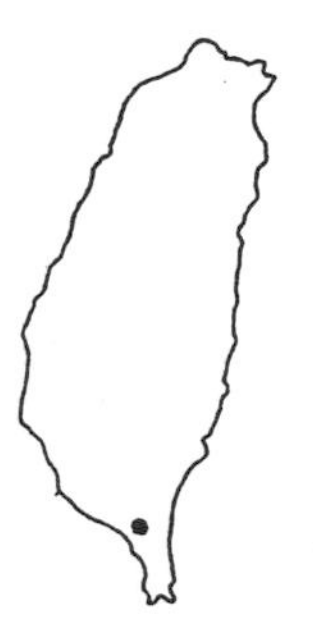

•琅璚卽今天的恆春附近。

已長出一片翠綠的田地。

「我們潛入山林裡去，再去墾一塊地出來，他們愈是禁止，我們就愈跟他們作對，讓他們疼於奔命。一條溝，一排柵欄算什麼，想過去的人總會有辦法過去。」林賢俊咬牙切齒恨恨的說。

「你知道阿猴林的陳福嗎？他明明知道不准抽籐伐木，他還是冒著生命危險偷偷入山，結果被逮到了，挨了一百個板子，屁股都被打爛了，現在還趴在床上動彈不得呢！我可不想冒這個險。」

「我們到哪裡去呢？」

「到台灣西部去看看吧！」

烈火在他們身後發出連串的火爆聲，他們不忍回頭的

•西元一八七五年，沈葆楨在恆春建城，積極展開「開山撫番」的工作。台灣的政務才又開始擴展到山區。

朝著另一個不可預知的未來走去。

這一項封山禁墾的政策，導致台灣各地的拓墾事業受到嚴重的打擊，許多漢人居住的地方變成一片荒煙，他們被迫放棄土地，飽含怒氣遠走他處，尋覓新的墾地。

清廷厲行遷民畫界的隔離政策，也引起原住民部落極大的反彈。他們覺得這項政令，大大違反了大自然的規則。

有一天中午，噶力當的小兒子魯卡，在部落裡失蹤了，整個部落的人都出來找，結果卻在清廷所挖掘的深溝裡發現。魯卡說，他正在追一隻兔子，沒想到這裡有這麼大的一條「水溝」。

「水溝一定要挖到這麼深嗎？」魯卡驚悸猶存的問。

•山區的吊橋。

「他們在入口的地方用巨木堵住了，根本進不來也出不去。以後我們怎麼和平地人換鹽、換布哇？」

「還不只如此，他們從南到北，築起一座五、六尺高的土牆。」

「他們簡直豈有此理，竟然把我們當做野獸一樣的關在山林裡，真是可惡！太不尊重我們了。」噶力當氣憤的說。

「我們有自由進出的權利，我們成了那些綁辮子的政策下的犧牲品了，我們要反映上去，如果繼續隔離我們，我們就要起來反抗了。」

不僅是原住民部落的通事向福建巡府楊景泰提出原住民們的不滿，地方官也反映漢人要求要廢止這項惡令。因為百姓們怨聲四起，這些地方官都聞到了因不滿而散發出來的火藥味，他們相信，再不理會百姓們的不滿，將會爆發比朱一貴更大規模的反清行動。

西元一七二二年，福建巡府楊景泰終於接受地方官的建議，修改了這項禁令，開放台灣南部的琅璚山區，其他地區照條例畫為禁墾區，禁止拓墾農民出入或開墾。

可是，經過了七年之後，另一波的禁墾政策又執行了。在清朝統治台灣的兩百多年間，清朝一共實行了六次的封山禁令，一直到西元一八七五年才全面廢止。

•此次新規定，是針對已在台居住者爲限。

台灣門戶大開

清廷對於移民政策，反反覆覆，直到一七八八年，才使來台的門戶眞正大開，准攜家眷來台，使移民們更努力珍惜建立的家園，於是開創出一片片的綠野農莊。

當朱一貴事件之後，朝廷方面不斷的提出對策，想預防這樣大規模的叛變事件。有人認為，是因為這些叛變的農民，都是孑然一身，身心受到極大的壓抑，才會以叛變的手段，來發泄胸中的不滿。

許多地方官紛紛奏請變通攜眷來台的辦法。這天藍鼎元和幾名地方官在商談攜眷入台的權宜之策。

•閩南移民全家族。

「這些開拓農民如果有了家庭的牽絆，就比較不會產生丟棄田園而走上叛變的路子。」藍鼎元說。

「海禁很嚴，可是農民依然不顧生死的偷渡，他們一過黑水溝就難得有再回唐山的機會了。如果他們都能在台灣安居立業，一來他們不可能放棄辛苦開墾的田園，二來也不可能帶著一家大小造反，如果放寬這條禁令，也許就能安定民心，減少叛變事件了。」陳姓地方官說。

「也許可以這樣，凡是要渡台開墾的人民，都得帶著家眷，已經到台灣的人民，必須將眷屬接往台灣後，再發給證照。」

「幾十萬的閩、客移民，群體居住在這塊島嶼上，又都沒有家室，壓抑過久的情緒，讓這兩派人馬為了一點小

•當時，民心思變，不僅想反抗清廷，閩南和客家人之間嫌隙也很多，常彼此械鬥。

事，就打起群架，造成了嚴重的社會問題，不能忽視。」

經過一番討論之後，他們奏請朝廷給予攜眷入台一個變通的方式。

西元一七三二年，朝廷終於解除了這條實行了四十八年的禁令，而重新規定：

「凡在台灣置有產業，平日馴良，願意入籍台灣的人，特准其搬眷入台。」

這分遲到的幸福，終於在四十八年後到來了。

楊小俠站在鹿仔港港口，痴痴的望著大海的盡頭，他不知道船到底哪一天才會抵達，所以他每天都到港口等著。花白的頭髮，微駝的身軀，在海風吹拂下，顯得有點兒不堪。

楊小俠於西元一六八四年偷渡來台時才二十歲，放下才兩歲大的兒子，隻身來台打拼。一直等候著機會，把妻兒也接過來團聚。經過三、四十年的奮鬥，他在台灣已經擁有幾十甲的土地，算是事業有成了。幾次派人接妻兒來台，船隻不是被強盜打劫，就是被清軍攔截，遣送回唐山。這回，禁令放鬆了，他通過審核，光明正大的接妻兒來台，終於盼到了這遲來的天倫之樂。只是他已齒動搖而白髮蒼蒼了。他忽然擔心起來，不知妻兒變成什麼模樣？他們是否還認得出彼此？

除了楊小俠，鹿仔港港口裡也擠滿了其他準備迎接眷屬的人群，嘰嘰喳喳的熱鬧非凡。

人群隨著海面上出現的船隊而歡呼起來。十幾艘船漸

・鹿仔港即今天的彰化鹿港，早期以鹿群很多而取名。

漸靠岸，一個個老弱婦孺走下船，有人哭叫著，也有人歡笑著。楊小俠目光掃過每一個下船的人，他開始緊張起來，是他們沒搭上船，還是認不出誰是誰了？人群漸漸散去。

楊小俠失望的想轉身離開。

「小俠，你是小俠嗎？」

楊小俠連忙轉身，一個蒼老的婦人，一個中年男子和婦人，還有兩個年輕的小伙子。楊小俠認出那位蒼老的婦人，正是他的結髮妻子，他的兒子和兩個孫子。

他們沒什麼交談的往住家走去，相隔了四十八年，這之間總還有一些陌生梗著吧！至於拓荒的辛酸血淚，往後再對兒孫們述說吧！

西元一七三四年，朝廷又公布了台灣文武大小官員，年滿四十歲膝下無子者，准予搬眷來台。

幾年間，台灣各地洋溢著天倫之樂的溫馨氣氛。

因為攜眷的禁令解除了，有更多的偷渡客擁進台灣，他們都抱著先到台灣，再安排家屬來台的決心勇闖黑水溝。朝廷眼見偷渡情況嚴重，只好提高緝私獎金，抓到十個偷渡客的，賞銀二兩，二十個的再加二兩，以此類推。另外，嚴懲招攬偷渡客的客頭，一經逮到，立刻發配充軍。

張得祿在西元一七四〇年春天，成功的抵達台灣。他聯絡上在新竹經商的堂兄，準備向官方申請搬眷入台。沒想到，當天清廷又修改禁令，不准再攜眷入台，因為八年的時間，所有台灣人民的眷屬，都已經完成搬遷了。從今以後，不再發照，也不准搬移。

張得祿失望極了，他想著家中的父母妻兒，及年邁祖父，正等著他的安排來台灣呢！這下該怎麼辦呢？他實在不忍心讓他們老人家躲在陰暗的船底，橫越險惡的黑水溝偷渡來台。這下也只好走一步算一步了。

清廷在開放台灣門戶的政策上，始終反反覆覆又朝令夕改的。經過了六年，張得祿終於能將家鄉的家人接來台灣奉養了。因為清廷又公告了：

「台灣人民如有祖父母及妻子要到台灣接受奉養者，准許給照搬眷奉養。」

張得祿在公告的第一天就去申請了，因為這項規定的期限，只有一年。

隔年起，攜眷入台又遭到禁止了。這回，卻是所有的在台居民，嚴禁和大陸人民往來。

福建巡撫吳士功覺得這樣的禁絕太不合理，也是行不通的。他特別上奏書，向朝廷說明允許攜眷的好處，以及解除禁令的必要與辦法。

吳士功這一個奏書，讓清廷在西元一七六〇年又開禁了，但是也僅限於在台居民搬眷來台，大陸地區人民並不能自由的攜眷來台。一直到西元一七八八年，林爽文事件之後，大陸地區人民才可以攜眷來台，隻身來台的，也可以入籍定居了。

台灣的門戶，從此大開。

清代官員的服飾

‧吳士功所奏的「題准台民搬眷過台疏」一文，在台灣開發史上具有很高的價值。

‧林爽文爲台灣天地會的首領，率領民衆反抗清廷，經過十四個月後被平定。

台灣歷史故事❷披荊斬棘的時代〔1683-1732〕

2019年7月二版
2022月7月二版三刷

定價：新臺幣200元

顧問	曹永和
審訂	台北市國小社會科輔導團
資料編輯	林淑玟
故事	張淑美
叢書主編	黃惠鈴
封面設計 繪圖	張振松
內頁繪圖	高文麒、李月玲 楊政輯、韓光耀
美術編輯	陳介祜、盧朋 楊麗雯

出版者	聯經出版事業股份有限公司
地址	新北市汐止區大同路一段369號1樓
叢書主編電話	(02)86925588轉5313
台北聯經書房	台北市新生南路三段94號
電話	(02)23620308
台中辦事處電話	(04)22312023
台中電子信箱	e-mail:linking2@ms42.hinet.net
郵政劃撥帳戶	第0100559-3號
郵撥電話	(02)23620308
印刷者	世和印製企業有限公司
總經銷	聯合發行股份有限公司
發行所	新北市新店區寶橋路235巷6弄6號
電話	(02)29178022

副總編輯	陳逸華
總編輯	涂豐恩
總經理	陳芝宇
社長	羅國俊
發行人	林載爵

行政院新聞局出版事業登記證局版臺業字第0130號

本書如有缺頁，破損，倒裝請寄回台北聯經書房更換。　ISBN 978-957-08-5347-6 (平裝)
聯經網址 http://www.linkingbooks.com.tw
電子信箱 e-mail:linking@udngroup.com

國家圖書館出版品預行編目資料

台灣歷史故事②披荊斬棘的時代
〔1683-1732〕/張淑美故事．二版．
新北市．聯經．2019.07．192面．14.8×21公分．
ISBN 978-957-08-5347-6 (平裝)
[2022年7月二版三刷]

1.台灣史 2.歷史故事

733.21 108010334